# AZ ULTI[illegible]



# SAJTÓ SZAKÁCSKÖNYV

100 MÓD, HOGY ELKÉSZÍTSD SAJÁT TORTILLÁKAT BURRITÓKHOZ, ENCHILADAKHOZ, TACOSHOZ ÉS TOVÁBBIHOZ!

Izabella Lakatos

**Jogi nyilatkozat**

Az ebben az e-könyvben található információk célja, hogy átfogó stratégiák gyűjteményeként szolgáljanak, amelyekről az e-könyv szerzője kutatásokat végzett. Az összefoglalókat, stratégiákat, tippeket és trükköket csak a szerző ajánlja, és ennek az e-könyvnek az olvasása nem garantálja, hogy az eredmények pontosan tükrözik a szerző eredményeit. Az e-könyv szerzője minden ésszerű erőfeszítést megtett annak érdekében, hogy aktuális és pontos információkat nyújtson az e-könyv olvasói számára. A szerző és munkatársai nem vállalnak felelősséget az esetlegesen feltárt nem szándékos hibákért vagy hiányosságokért. Az e-könyvben található anyagok tartalmazhatnak harmadik felektől származó információkat. A harmadik felek anyagai tulajdonosaik véleményét tartalmazzák. Mint ilyen, az e-könyv szerzője nem vállal felelősséget semmilyen harmadik féltől származó anyagért vagy véleményért.

# TARTALOMJEGYZÉK

# BEVEZETÉS

A legtöbben természetesnek tekintjük a tortillákat. Viszonylag olcsón megvásárolhatóak - és viszonylag jók. Pont úgy használjuk őket, mint a mezoamerikaiak, akik feltalálták őket: mint a kenyeret. Valójában a tortilla eladások a második helyen állnak az Egyesült Államokban a szeletelt kenyér után.

Akkor miért kell elkészíteni őket? Miért vásároljunk speciális berendezéseket - például elektromos vagy kézi préseket, sodrófákat, rácsokat vagy komakat -, hogy a semmiből készítsék el azt, ami olyan könnyen beszerezhető a szupermarketekben, kisboltokban és speciális élelmiszerboltokban? Ugyanezen okból sütünk kenyeret, kekszet és zsemlét. Mert a sütőből kivéve, vagy a serpenyőről forrón sült tészta csábít, kielégít, és semmi máshoz nem hasonlítható.

A frissen készített mindennapi kenyér, köztük a tortilla is különleges, mert legtöbbünk számára nem mindennapi élmény. Bár a tortilla készítés gyakorlást igényel, a tortilla elkészítése gyorsabb és egyszerűbb, mint az élesztős kenyér, amihez a tésztát össze kell keverni és összegyúrni, egyszer-kétszer kelni hagyni, formázni és megsütni.

Ha házi tortilláról van szó, a szépség az ízben és az aromában rejlik. Ne izzad meg a szimmetriát. A lehető legvékonyabb tortillákat készítse el, de fogadja el, hogy a tökéletesen kerek, sima szélű tortillák gépek termékei. Gyakorlása révén a tortillák kerekebbek és egységesebbek lesznek, különösen a lisztes tortillák. Valószínűleg soha nem lesznek tökéletesek, kivéve az ízét és az eredetiségét.

A friss élesztős kenyérhez vagy bármilyen gyors kenyérhez hasonlóan a friss tortilla illata is csábító. Kívül finoman ropogós, belül puha, a friss tortilla különleges csemege. A sima, de minden bizonnyal olvadó vajjal, sajttal vagy selymesen sült babbal a házi készítésű tortilla igazi ajándék a különleges szakácstól, aki tudja, hogyan kell elkészíteni.

Vedd fel különlegességedet, és válj tortilla tehetséggé.

Van még egy ok, amiért otthon készíthet tortillát: az összetevők ellenőrzése. A házi készítésű tortillák nem tartalmaznak tartósítószert vagy egyéb kémiai adalékanyagot a polc stabilitása érdekében, mivel a tortillák nem tartanak elég sokáig ahhoz, hogy tartósítószerre legyen szükségük. Bármilyen finomak is, a tortilláit valószínűleg azonnal megkenjük, amint lekerül a sütőrácsról.

# ALAPVETŐ TORTILLÁK

## 1. Kukorica tortilla

12 tortilla készíthető belőle

## ÖSSZETEVŐK

2 csésze (240 g) masa harina, fehér vagy sárga

2-3 evőkanál (16-24 g) univerzális, fehérítetlen vagy (18-27 g) gluténmentes liszt (opcionális)

1/2 teáskanál só

11/4-11/3 csésze (285-315 ml) meleg víz (szükség szerint több) vagy ízesített folyadék

## ÚTVONALAK

1 Egy közepes tálban keverje össze a masszát és a lisztet, ha használ, és a sót.

2 Fokozatosan adjuk hozzá a vizet, és fakanállal vagy spatulával és kézzel keverjük addig, amíg a hozzávalók jól össze nem keverednek. 20-30 másodpercig gyúrjuk, amíg a tészta rugalmas lesz. A tésztának elég nedvesnek kell lennie ahhoz, hogy összetartson. Adjon hozzá további meleg vizet, 1 evőkanál (15 ml) egyszerre, ha szükséges.

3 Osszuk el a tésztát 12 golflabda méretű gömbre, kézzel formázzuk. Helyezzen minden tésztagolyót egy tálba, és fedje le nedves törülközővel, hogy nedves maradjon.

4 Minden tésztagolyót kézi tortillanyomóval vagy sodrófával nyomjon vagy hengerítsen, és süsse meg 2 forró sütőlapon vagy

rácson. Vagy nyomja meg és pirítsa meg elektromos tortillaprés/pirítógép segítségével.

## 2. Házi készítésű nixtamal

2 font (910 g) nixtamal vagy masa, körülbelül 16 tortilla

## ÖSSZETEVŐK

2 csésze (448 g) szárított horpadt kukorica (lásd az oldalsávot), leöblítve és lecsepegtetve

2 evőkanál (12 g) kalcium-hidroxid, más néven „cal" (oltott vagy savanyú mész)

6 csésze (1,4 l) langyos víz

1 teáskanál só

## ÚTVONALAK

1 Egy nagy serpenyőben, lassú tűzön keverje össze a kukoricát, a kalit és a vizet. Forraljuk fel, körülbelül 30-45 percig. A víznek lassan kell felmelegednie. Amint a víz felforr, kapcsolja le a tüzet, és hagyja állni egy éjszakán át, 18-24 órán át szobahőmérsékleten.

2 A beáztatott kukoricát egy nagy szűrőedényben csepegtessük le. Jól öblítse le hideg vízzel.

3 Töltsön meg egy mély tálat vagy egy nagy serpenyőt hideg vízzel. Adjuk hozzá a beáztatott kukoricát. A kezével dörzsölje be a kukoricát a vízbe, és távolítsa el a héját. Öntse le a vizet, hogy eltávolítsa az esetleges lebegő hajótesteket. Töltse fel vízzel, hogy ellepje a kukoricát, dörzsölje be a kukoricát, és öntse le a vizet. Ismételje meg 7-10 alkalommal a kukorica hámozásához. Ha a víz tiszta vagy közel tiszta, a küldetés

teljesítve. Ne ürítse ki utoljára. Ezen a ponton van posole. A Posole-t mexikói pörköltekhez használják.

4 Masához: A hántolt kukoricát őrölje sima, finom textúrájú tésztává (nixtamal) kézi vagy elektromos darálóval, metateával vagy konyhai robotgéppel.

5. Ha konyhai robotgéppel szeretné elkészíteni a masszát, egy lyukas kanál segítségével engedje le a felesleges folyadék felét, és tegye a beáztatott kukorica felét a pengével ellátott munkatálba. Pulzáljon 10-15-ször. Hozzáadjuk a maradék kukoricát, és 10-15-ször pulóverezzük. Adjon hozzá 1-2 evőkanál (15-28 ml) vizet a kukoricából. Pulzáljon még 8-10-szer. A pulzálások között szükség szerint kaparja ki a tálat. Adjon hozzá még 1-2 evőkanál (15-28 ml) vizet és sót. Addig pörgesse, amíg tészta nem kezd képződni.

6 Deszkára borítjuk, párszor átgyúrjuk, és golyóvá formáljuk. Csomagolja be műanyaggal, és hagyja 30 percig dermedni. Vágd 42 g-os darabokra, és formálj belőle 16 golyót.

7 Minden tésztagolyót tortillanyomóval nyomjunk le.

8 Főzzük forró sütőben vagy rácson.

9 Vagy nyomja meg és pirítsa meg elektromos tortillaprés/pirítógép segítségével.

10 Tartsa melegen, amíg az összes tésztát el nem használja.

## 3. Kék kukorica tortilla

12 tortilla készíthető belőle

ÖSSZETEVŐK

2 csésze (240 g) kékkukorica masa harina

2-3 evőkanál (16-24 g) univerzális, fehérítetlen vagy (18-27 g) gluténmentes liszt (opcionális)

1/2 teáskanál só

11/4-11/3 csésze (285-315 ml) meleg víz (szükség szerint több)

ÚTVONALAK

1 Egy közepes tálban keverje össze a masszát és a lisztet, ha használ, és a sót.

2 Adjuk hozzá a vizet. Fakanállal vagy spatulával és kézzel addig keverjük, amíg az összes hozzávaló jól el nem keveredik. 20-30 másodpercig gyúrjuk, amíg a tészta rugalmas lesz. A tésztának elég nedvesnek kell lennie ahhoz, hogy összetartson. Adjon hozzá meleg vizet, 1 evőkanál (15 ml) egyszerre, ha szükséges.

3 Osszuk el a tésztát 12 golflabda méretű gömbre, kézzel formázzuk. Helyezzen minden tésztagolyót egy tálba, és fedje le nedves törülközővel, hogy nedves maradjon.

4 Minden tésztagolyót kézi tortillanyomóval vagy sodrófával nyomjon meg vagy görgessen meg, és forró sütőben vagy rácson

süsse meg. Vagy nyomja meg és pirítsa meg elektromos tortillaprés/pirítógép segítségével.

5 Tartsa melegen, amíg az egész tésztát el nem használja.

## 4. Sült kukoricaliszt pogácsák

4 adagot készít

## ÖSSZETEVŐK

2 csésze (240 g) sárga, fehér vagy kék kukoricadara

1 teáskanál só

1 csésze (235 ml) forrásban lévő víz

Olaj a sütéshez

## ÚTVONALAK

1 Egy nagy keverőtálban keverje össze a kukoricalisztet és a sót. Fokozatosan hozzákeverjük a forrásban lévő vizet. A tésztának elég nedvesnek kell lennie ahhoz, hogy megtartsa a formát, de ne legyen túl lágy. Hagyja a tésztát annyira lehűlni, hogy kezelni tudja, körülbelül 5 percig.

2 Oszd el a tésztát 12 golflabda méretű gömbre, és formázd meg kézzel.

3 Kezével lapítson ki minden tésztagolyót 13 mm (1/2 hüvelyk) vastagságú pogácsává. Amíg az olaj melegszik, takarjuk le a pogácsákat egy nedves törülközővel.

4 Melegítsen fel 13 mm-es olajat egy elektromos serpenyőben 190 °C-ra, vagy használjon erős serpenyőt közepesen magas hőfokon és egy cukorka/sütés hőmérőt.

5 Egy hasított spatulával óvatosan csúsztasson 2-3 kukoricaliszt pogácsát a forró olajba. Süssük az egyik oldalát aranybarnára,

3-5 percig. Megfordítjuk és mindkét oldalukat aranybarnára sütjük, további 3 percig.

6 Papírtörlőn lecsepegtetjük. Tartsd melegen. Addig ismételjük, amíg az összes pogácsát meg nem sütjük.

7 Tálaláskor hevíts fel 13 mm olajat egy erős serpenyőben közepesen magas hőfokon 190 °C-ra. Helyezze a pogácsákat lapos oldalukkal lefelé a forró olajba, és enyhén süsse ropogósra és aranybarnára, mindkét oldalukon körülbelül 1 percig. Kivesszük az olajból, papírtörlőn lecsepegtetjük, és melegen tartjuk. Addig ismételjük, amíg az összes pogácsát meg nem sütjük.

## 5. Gorditas és sopes

12 gorditát vagy sopest készít

## ÖSSZETEVŐK

2 csésze (240 g) masa harina

1 teáskanál só

1 teáskanál normál vagy gluténmentes sütőpor (sopesnél hagyd)

11/2 (355 ml) csésze víz

1/2 csésze (103 g) disznózsír vagy növényi zsír, vagy 1/3 csésze (80 ml) növényi olaj vagy (75 g) szilárd kókuszolaj

Növényi olaj, bors sütéséhez

## ÚTVONALAK

1 Közepes lángon melegítsen elő egy komót vagy rácsot 180 °C-ra, vagy a gyártó utasításai szerint, ha elektromos prést/pirítót használ.

2 Egy nagy keverőtálban keverje össze a masszát, a sót és a sütőport (ha gorditához használja), habverővel vagy kevergetve, hogy jól elkeveredjen.

3 Egy kis serpenyőben, közepes lángon keverje össze a vizet és a zsírt vagy az olajat. Melegítsük fel, hogy a disznózsír megolvadjon. Tedd félre a tűzről, hogy langyosra hűljön, mielőtt összekevered a száraz hozzávalókkal.

4 Fokozatosan adjuk hozzá a langyos folyadékot a száraz hozzávalókhoz, és dagasszuk körülbelül 3 percig. A tésztának

Play-Doh állagúnak kell lennie, képlékenynek és simanak kell lennie, de kellően rugalmas ahhoz, hogy megtartsa a formát.

5. Osszuk el a tésztát 12 golflabda méretű körre.

## GORDITASZ SZÁMÁRA

1 Kézzel vagy prés segítségével formázz a golyókból 13 mm vastag, körülbelül 10 cm átmérőjű pogácsákat vagy gorditákat. A kiszáradás megelőzése érdekében nedves törülközővel letakarjuk. (A kézi prés vagy elektromos prés/rács használatának részleteit lásd itt. Ne nyomja olyan vékonyra, mint a tortillánál.)

2 Enyhén olajozza meg az előmelegített comalt vagy a rácsot.

3 Közepes lángon, összesen 10-12 percig pirítsuk a goditákat, szükség szerint fordítsuk meg, nehogy túlbarnuljanak. Főzés közben kissé fel kell puffadniuk. A Gorditasnak lassan kell főznie, hogy a belseje ne legyen túl tésztás. A külső részén világosbarna foltoknak kell lenniük.

4 Hagyja hűlni körülbelül 5 percig a könnyebb kezelés érdekében. Simán vagy késsel kettévágva tálaljuk (mint a pitát vagy az angol muffint).

## SOPES SZÁMÁRA

1 Ismételje meg az utolsó lépéseket 1-5.

2 Kézzel vagy elektromos prés segítségével formázz a golyókból 12 (1/3 hüvelyk [8 mm] vastagságú) pogácsát vagy pogácsát. A

kiszáradás megelőzése érdekében nedves törülközővel letakarjuk. (A kézi prés vagy elektromos prés/rács használatának részleteit lásd itt.) Ne nyomja olyan vékonyra, mint a tortillánál. A talpak átmérője körülbelül 4 hüvelyk (10 cm).

3 Enyhén olajozza meg az előmelegített comalt vagy a rácsot.

4. Helyezzen minden egyes pácot az olajozott, előmelegített sütőlapra vagy rácsra, és főzze körülbelül 1 percig, vagy amíg a tészta meg nem kezd dermedni. Ne süssük túl, különben a tészta kiszárad és megreped. Fordítsa meg és süsse további 20-30 másodpercig.

5 Egy spatula segítségével távolítsa el a megfőtt sopát a rácsról. Fedjük le a tortillákat száraz konyharuhával, és hűtsük le 30-45 másodpercig, vagy amíg eléggé kihűlnek ahhoz, hogy óvatosan kezeljük. Gyorsan - még mielőtt túlságosan kihűlnének - fordítsa fel a széleket, hogy egy fanyar kéreghez hasonló ajkát képezzen a töltelék megtartásához. Fedjük le száraz törülközővel, és ismételjük meg a műveletet, amíg az összes sope meg nem sül és formára nem válik. Ezt legfeljebb 3 vagy 4 órával előre meg lehet tenni.

6 Tálaláskor hevíts fel 13 mm olajat egy erős serpenyőben közepes-magas lángon 190 °C-ra. Tegye a sopokat lapos felükkel lefelé a forró olajba, és enyhén süsse ropogósra és aranybarnára, körülbelül 1 percig mindkét oldalukon. Kivesszük az olajból, papírtörlőn lecsepegtetjük, és melegen tartjuk. Addig ismételjük, amíg az összes leves meg nem sül.

## 6. Alap lisztes tortilla

12 (6 hüvelykes [15 cm]) tortillát készít

## ÖSSZETEVŐK

2 csésze (250 g) univerzális fehér liszt, (240 g) fehérítetlen liszt vagy (240 g) finomra őrölt teljes kiőrlésű liszt (vagy kombinációja)

1 teáskanál sütőpor (elhagyható)

1 teáskanál só

1/2 csésze (103 g) szilárd disznózsír vagy zöldségzsír vagy 1/3 csésze (68 g) friss disznózsír, (80 ml) növényi, kukorica- vagy olívaolaj (vagy kívánt) vagy (75 g) szilárd kókuszolaj

1 csésze (235 ml) forró víz (itt az ízesített lisztes tortilla elkészítéséhez látható)

## ÚTVONALAK

1 Egy nagy tálban keverjük össze a lisztet, a sütőport és a sót. Pogácsaszaggatóval vagy pengével ellátott konyhai robotgép munkatáljával vágja bele a disznózsírt, amíg a keverék durva morzsára nem hasonlít. Ha a keverék túl száraznak tűnik, szükség szerint adjon hozzá további zsiradékot vagy zsírt.

2 Lassan adjuk hozzá a forró vizet, kevergetve vagy lüktetve, hogy tésztagolyót formázzon. A tálban lévő tésztát 30-szor vagy szükség szerint gyúrjuk gyengéden, hogy rugalmas, nem ragadós tésztát kapjunk. Vagy vegyük ki a tésztát a robotgép edényéből, és enyhén lisztezett deszkán gyúrjuk át.

3 A meggyúrt tésztát tálba vagy cukrászdeszkára helyezzük. Tiszta konyharuhával letakarjuk és 1 órát pihentetjük. Ez egy jó megállóhely, ha később friss tortillát szeretne felszolgálni. A tészta 4-6 órát pihenhet, ha szorosan letakarja egy műanyag fóliával és egy törülközővel, hogy megakadályozza a kiszáradást. Ne hűtsük le.

4 Csípje le a darabokat, és formázz a tésztából 12 egyforma méretű golyót. Takarjuk le tiszta konyharuhával, és hagyjuk még 20-30 percig pihenni.

5. Amikor eljött a tortilla elkészítésének ideje, sodrófa segítségével minden tésztagolyót nagyon vékonyra (nem vastagabbra, mint egy könyv kemény fedele, vékonyabbra, ha lehet) sodorjon. Egy tál szélére terítjük, és törülközővel letakarva tartsuk minden tortillát kinyújtva.

6. Forró kómában vagy rácson főzzük. Vagy nyomja meg és pirítsa meg elektromos tortillapréssel/pirítóval.

7 Tartsa melegen, amíg az egész tésztát el nem használja.

## 7. Gluténmentes lisztes tortilla

12 (6 hüvelykes [15 cm]) tortillát készít

## ÖSSZETEVŐK

2 csésze (272 g) gluténmentes liszt

1 teáskanál gluténmentes sütőpor (elhagyható)

1 teáskanál só

1/2 csésze (103 g) disznózsír vagy növényi zsír, vagy 1/3 csésze (68 g) friss disznózsír, (80 ml) növényi, kukorica, olíva (vagy kívánt) olaj vagy (75 g) szilárd kókuszolaj

1 csésze (235 ml) forró víz

## ÚTVONALAK

1 Egy nagy tálban keverjük össze a lisztet, a sütőport és a sót. Pogácsaszaggatóval vagy pengével ellátott konyhai robotgép munkatáljával vágja bele a disznózsírt, amíg a keverék durva morzsára nem hasonlít. Ha a keverék túl száraznak tűnik, szükség szerint adjon hozzá további zsiradékot vagy zsírt.

2 Lassan adjuk hozzá a forró vizet, kevergetve vagy lüktetve, hogy tésztagolyót formázzon. A tálban lévő tésztát 30-szor vagy szükség szerint gyúrjuk gyengéden, hogy rugalmas, nem ragadós tésztát kapjunk. Vagy vegyük ki a tésztát a robotgép edényéből, és enyhén lisztezett deszkán gyúrjuk át.

3 A meggyúrt tésztát tálba vagy cukrászdeszkára helyezzük. Tiszta konyharuhával letakarjuk és 1 órát pihentetjük. Ez egy jó megállóhely, ha később friss tortillát szeretne felszolgálni. A

tészta 4-6 órát pihenhet, ha szorosan letakarja egy műanyag fóliával és egy törülközővel, hogy megakadályozza a kiszáradást. Ne hűtsük le.

4 Csípje le a darabokat, és formázz a tésztából 12 egyforma méretű golyót. Takarjuk le tiszta konyharuhával, és hagyjuk még 20-30 percig pihenni.

5. Amikor eljött a tortilla elkészítésének ideje, sodrófa segítségével minden tésztagolyót nagyon vékonyra (nem vastagabbra, mint egy könyv kemény fedele, vékonyabbra, ha lehet) sodorjon. Egy tál szélére terítjük, és törülközővel letakarva tartsuk minden tortillát kinyújtva.

6. Forró kómában vagy rácson főzzük. Vagy nyomja meg és pirítsa meg elektromos tortillapréssel/pirítóval.

7 Tartsa melegen, amíg az egész tésztát el nem használja.

# ÍZESÍTETT LISZT TORTILLÁK

# 8. Édesburgonyás vagy sütőtöklisztes tortilla

12 (6 hüvelykes [15 cm]) tortillát készít

## ÖSSZETEVŐK

2 csésze (250 g) univerzális fehér liszt, (240 g) fehérítetlen liszt vagy (240 g) finomra őrölt teljes kiőrlésű liszt (vagy ezek kombinációja)

3 teáskanál (14 g) sütőpor

1 teáskanál só

1/2 csésze (103 g) disznózsír vagy növényi zsír, vagy 1/3 csésze (80 ml) növényi, kukorica vagy olíva (vagy kívánt) olaj, vagy (75 g) szilárd kókuszolaj

3/4 csésze (246 g) édesburgonyapüré (konzerv vagy friss) vagy (184 g) sütőtökpüré (konzerv vagy friss)

1/2 csésze (120 ml) forró víz, plusz szükség szerint

## ÚTVONALAK

1 Egy nagy tálban keverjük össze a lisztet, a sütőport és a sót.

2 Egy turmixgép, villa vagy két kés segítségével keverje hozzá a zsírt vagy a zsírt, amíg a liszt durva morzsának nem tűnik.

3. Fokozatosan adjuk hozzá az édesburgonyát vagy a sütőtököt és a forró vizet, fakanállal kevergetve tésztagolyót formázunk.

4 Ha a tésztát pengével ellátott konyhai robotgéppel szeretné elkészíteni, keverje össze a száraz hozzávalókat a munkatálban. Hozzáadjuk a disznózsírt, és addig keverjük, amíg a keverék

durva morzsára nem hasonlít. Ha a keverék túl száraznak tűnik, szükség szerint adjon hozzá további zsiradékot vagy zsírt. Fokozatosan adjuk hozzá az édesburgonyát vagy a sütőtököt és a vizet, lüktetve tésztagolyót formázunk.

5 Ha a tészta elkészült, gyúrja gyengéden a tésztát a tálban 30-szor vagy szükség szerint, hogy rugalmas, nem ragadós tésztát formázzon. Vagy vegyük ki a tésztát a robotgép edényéből, és gyúrjuk enyhén lisztezett deszkán a fentiek szerint. Ha túl ragacsos a tészta, szükség szerint adjunk hozzá további lisztet.

6 A meggyúrt tésztát tálba vagy cukrászdeszkára helyezzük. Tiszta konyharuhával letakarjuk és 1 órát pihentetjük. Ez egy jó megállóhely, ha később friss tortillát szeretne felszolgálni. A tészta akár 4-6 órát is pihenhet, ha szorosan letakarja egy műanyag fóliával és egy törülközővel, hogy megakadályozza a kiszáradást. Ne hűtsük le.

7. Csípje le a darabokat, és formázz a tésztából 12 egyforma méretű golyót. Takarjuk le tiszta konyharuhával, és hagyjuk még 20-30 percig pihenni.

8. Amikor eljött a tortilla elkészítésének ideje, sodrófa segítségével minden tésztagolyót nagyon vékonyra (nem vastagabbra, mint egy könyv keményfedele, vékonyabbra, ha lehet). Egy tál szélére terítjük, és törülközővel letakarva tartsuk minden tortillát kinyújtva.

9. Forrón főzzük egy tálban vagy serpenyőben. Vagy nyomja meg és pirítsa meg elektromos tortillaprés/pirítógép segítségével.

10 Tartsa melegen, amíg az összes tésztát el nem használja.

## 9. Feketebab tortilla

12 (6 hüvelykes [15 cm]) tortillát készít

## ÖSSZETEVŐK

1/3 csésze (47 g) feketebabliszt

1/2 csésze (64 g) kukoricakeményítő

2 evőkanál (16 g) tápiókaliszt

1/2 teáskanál só

2 tojás, enyhén felverve

11/2 csésze (355 ml) víz

Szükség szerint növényi olaj spray

## ÚTVONALAK

1 Egy közepes tálban keverje össze a feketebablisztet, a kukoricakeményítőt, a tápiókalisztet és a sót.

2 Habverővel verje hozzá a tojást és a vizet, amíg csomómentes nem lesz. A tészta nagyon vékony lesz. 25-30 percre félretesszük, hogy besűrűsödjön.

3 Melegítsen elő egy 6 vagy 8 hüvelykes (15-20 cm) krepptálat 190 °C-ra. A tapadásmentes felületű serpenyő előnyösebb. Vagy enyhén vonja be a serpenyő alját és oldalát főzőpermettel a tortilla elkészítése előtt.

4 Amikor a serpenyőt előmelegítették, öntsön 1/4 csésze (60 ml) tésztát a serpenyőbe, és forgassa meg, hogy a tészta

egyenletesen eloszlassa, és kerek, vékony tortillát készítsen. 45 másodperctől 1 percig főzzük, vagy amíg a tészta megszilárdul.

5 Egy spatula segítségével fordítsa meg a tortillát annyira, hogy a másik oldala is világosbarnára süljön. Távolítsuk el egy viaszpapírra. Folytassa a maradék tésztával, és válasszon el minden tortillát viaszpapírral. Tálalásig tartsa melegen.

Javasolt felhasználási mód: Tekerjük, mint a lisztes tortilla „palacsintát" rántottával töltve és új-mexikói vörös chilei szósszal.

## 10. Barna rizses tortilla

12 (6 hüvelykes [15 cm]) tortillát készít

## ÖSSZETEVŐK

11/2 csésze (240 g) barna rizsliszt

1/2 csésze (60 g) tápióka liszt

1/2 teáskanál só

1 csésze (235 ml) forrásban lévő víz

Választott növényi olaj

## ÚTVONALAK

1 Egy közepes keverőtálban keverje össze a barnarizst és a tápiókalisztet és a sót.

2 Fakanállal fokozatosan hozzákeverjük a forrásban lévő vizet, hogy tésztát kapjunk. Gyúrjuk át a tésztát a tálban 20-szor. Adjon hozzá vizet, 1 evőkanál (15 ml) egyszerre, ha a tészta túl száraznak tűnik.

3 Fedjük le egy nedves törülközővel, és hagyjuk 10 percig pihenni.

4 Csípje le a darabokat, és formázz a tésztából 12 egyforma méretű golyót. Nedves konyharuhával letakarjuk.

5 Minden tésztagolyót sodrófával nagyon vékonyra (nem vastagabbra, mint egy könyv keményfedeles, vékonyabbra, ha lehet) sodorja. Vagy nyomja meg kézi tortillapréssel. Fedjük le

egy tál oldalát, és tartsuk letakarva nedves törülközővel, miközben minden tortillát kinyújtunk vagy nyomunk.

6. Melegítsen fel egy kólát vagy serpenyőt közepesen magas lángon. Amikor a serpenyő elég forró ahhoz, hogy néhány csepp víz „táncoljon" és azonnal elpárologjon, bőségesen kenjük be a forró felületet növényi olajjal. Süssük a tortillákat mindkét oldalukon 1-2 percig, amíg világosbarna foltok jelennek meg. Ismételje meg, szükség szerint adjon hozzá több olajat, amíg az összes tortilla meg nem fő.

7 Tartsa melegen, amíg az egész tésztát el nem használja.

8 Amikor az összes tortilla megsült, tartsa egy tortillamelegítőben, vagy rakja két tányér közé. Hagyjuk ülni és pároljuk körülbelül 10 percig, így puhák és rugalmasak lesznek.

# 11. Vegyes szemű tortilla

12 tortilla készíthető belőle

## ÖSSZETEVŐK

2/3 csésze (80 g) tápióka liszt

2/3 csésze (107 g) rizsliszt

1/3 csésze (45 g) cirokliszt

1/3 csésze (40 g) hajdinaliszt

1/2 teáskanál gluténmentes sütőpor

3/4 teáskanál xantángumi

1 csésze (235 ml) forró víz

1/3 csésze (68 g) édes rizsliszt, vagy szükség szerint

Választott növényi olaj

## ÚTVONALAK

1 Egy nagy tálban keverje össze a tápióka-, rizs-, cirok- és hajdinalisztet, a sütőport és a xantángumit.

2 Fakanállal fokozatosan hozzákeverjük a forró vizet, és addig keverjük, amíg tészta nem lesz. Ha a tészta túl ragadós ahhoz, hogy golyót formázzon, evőkanállal adjon hozzá édes rizslisztet (13 g), hogy puha, nem ragadós tésztát kapjon, amely megtartja az alakját.

3 Osszuk a tésztát 12 egyenlő méretű részre. Dobj golflabda méretű gömböket. Tegyük vissza a tálba, és fedjük le egy nedves törülközővel.

4 A hengerfelületet és a tésztagolyót enyhén szórjuk meg rizsliszttel. Minden tésztagolyót sodrófával nagyon vékonyra (nem vastagabbra, mint egy könyv keményfedele, vékonyabbra, ha lehet) görgessünk. Vagy nyomja meg kézi tortillapréssel.

5. Melegítsen fel egy kólát vagy serpenyőt közepesen magas lángon. Amikor a serpenyő elég forró ahhoz, hogy néhány csepp víz „táncoljon" és azonnal elpárologjon, bőségesen kenjük be a forró felületet növényi olajjal.

6. Amikor az olaj forró, csúsztassa be az egyik tortillát. Mozgassa meg, hogy az alját olajjal vonja be; fordítsa meg és mozgassa, hogy bevonja azt az oldalt.

7. Főzzük, amíg a tortilla barnulni kezd, körülbelül 2-3 percig. Fordítsa meg és süsse, amíg a másik oldala is barnulni kezd, további 3-4 percig. Adjon hozzá további olajat, ha szükséges a maradék tortilla elkészítéséhez.

8 Papírtörlőn lecsepegtetjük, és melegen tartjuk, amíg az egész tésztát el nem használjuk.

## 12. Köles és quinoa tortilla

12 tortilla készíthető belőle

## ÖSSZETEVŐK

1/2 csésze (60 g) kölesliszt

1/2 csésze (56 g) quinoa liszt

1 csésze (120 g) tápióka liszt

1 teáskanál gluténmentes sütőpor

1 teáskanál xantángumi

1 teáskanál só

1 evőkanál (20 g) méz vagy agave szirup

1/2 csésze (120 g) meleg víz

4 evőkanál (103 g) zsír vagy zsír

## ÚTVONALAK

1 Egy elektromos keverőtálban vagy bármilyen közepes méretű tálban keverje össze a köles-, quinoa- és tápiókalisztet, a sütőport, a xantángumit és a sót. Használjon elektromos keverőt alacsony sebességen, vagy habverővel kézzel keverje össze a száraz hozzávalókat.

2 Ha elektromos keverőt használ, adjuk hozzá a mézet vagy agávét, a meleg vizet és a zsírt vagy a zsírt, és addig keverjük, amíg a habverők körül tészta nem keletkezik. Keverje össze a tésztát közepes sebességgel további percig. Vagy ha kézzel

készíti, fakanállal keverje hozzá a nedves hozzávalókat, és keverje össze, hogy puha golyót formázzon. 10-20-szor gyúrjuk. A tészta enyhén ragacsos és rugalmas lesz.

3 Csomagolja be szorosan a tésztát műanyag fóliába, és hűtse 30-45 percig.

4 Kihűlés után osszuk el a tésztát 12 egyenlő részre, és formázzuk mindegyikből golyót. Tegye vissza a tálba, és fedje le nedves törülközővel, hogy megakadályozza a kiszáradást.

5 Minden tésztagolyót sodrófával nagyon vékonyra (nem vastagabbra, mint egy könyv keményfedeles, vékonyabbra, ha lehet) sodorja. Vagy nyomja meg kézi tortillapréssel. Fedjük le egy tál oldalát, és tartsuk letakarva nedves törülközővel, miközben minden tortillát kinyújtunk vagy nyomunk.

6. Melegítsen fel egy kólát vagy serpenyőt közepesen magas lángon. Amikor a serpenyő elég forró ahhoz, hogy néhány csepp víz „táncoljon" és azonnal elpárologjon, bőségesen kenjük be a forró felületet növényi olajjal. A tortillákat mindkét oldalon 1-2 percig sütjük. Ismételje meg, szükség szerint adjon hozzá több olajat, amíg az összes tortilla meg nem fő.

7 Tartsa melegen, amíg az egész tésztát el nem használja.

8 Amikor az összes tortilla megsült, tartsa egy tortillamelegítőben, vagy rakja két tányér közé. Hagyjuk ülni és pároljuk körülbelül 10 percig, így puhák és rugalmasak lesznek.

Felhasználási javaslat: Carnitas töltött enchiladák Real Deal Mole-val, vagy Easy Mole, lisztes tortilla „Pizza".

# 13. Szellem tortilla

12 tortilla készíthető belőle

## ÖSSZETEVŐK

3/4 csésze (120 g) fehér rizsliszt

1/2 csésze (60 g) tápióka liszt

1/4 csésze (30 g) csicseriborsóliszt

1/2 csésze (96 g) burgonyakeményítő

1 teáskanál xantángumi

1 teáskanál só

1 teáskanál gluténmentes sütőpor

1/4 csésze (51 g) zsír, zsír vagy (56 g) szilárd kókuszolaj

1 csésze (235 ml) forró víz

1 Egy nagy tálban vagy egy pengével ellátott konyhai robotgépben keverje össze a rizst, a tápiókát és a csicseriborsólisztet, a burgonyakeményítőt, a xantángumit, a sót és a sütőport.

2 Pogácsaszaggatóval vagy konyhai robotgéppel vágja bele a disznózsírt vagy a hüvelyeseket, amíg a keverék durva morzsára nem hasonlít. Ha a keverék túl száraznak tűnik, szükség szerint adjon hozzá további zsiradékot vagy zsírt.

3 Lassan adjon hozzá 1/2 csésze (120 ml) forró vizet, keverés közben vagy pulzálással a bedolgozáshoz. Fokozatosan adjuk hozzá a maradék vizet, hogy tésztagolyót kapjunk.

4 A tálban lévő tésztát enyhén gyúrjuk 20-szor vagy szükség szerint, hogy rugalmas, nem ragadós tésztát kapjunk. Vagy vegyük ki a tésztát a robotgép edényéből, és rizs- vagy tápióka liszttel enyhén lisztezett deszkán gyúrjuk össze.

5. Csípje le a darabokat, és formázz a tésztából 12 egyforma méretű golyót. Nedves konyharuhával letakarjuk, nehogy kiszáradjon.

6 Minden tésztagolyót sodrófával nagyon vékonyra (nem vastagabbra, mint egy könyv keményfedele, vékonyabbra, ha lehet) sodorja. Egy tál szélére terítjük, és törülközővel letakarva tartsuk minden tortillát kinyújtva. Forró kómon vagy rácson sütjük.

7 Vagy nyomja meg és pirítsa meg elektromos tortillaprés/pirítógép segítségével.

8 Tartsa melegen, amíg az egész tésztát el nem használja.

## 14. Keto len tortilla

5-öt tesz ki

Teljes idő: 15 perc

## ÖSSZETEVŐK

1 csésze arany lenmag őrlemény
2 evőkanál Chia mag
2 teáskanál olívaolaj
1/2 teáskanál Curry por
1 csésze szűrt víz
1 teáskanál kókuszliszt

## ÚTVONALAK

a) Egy nagy keverőtálban alaposan keverje össze az összes száraz hozzávalót, kivéve a kókuszlisztet és az olívaolaj felét.

b) Alaposan keverjük össze, amíg szilárd golyót nem kapunk.

c) A tésztára szórjuk a kókuszlisztet, és sodrófával kinyújtjuk.

d) Vágja ki a tortillát egy széles, kerek szerszámmal.

e) Egy serpenyőben közepes-magas lángon hevíts fel 1 teáskanál olívaolajat. Amikor az olaj felforrósodott, hozzáadjuk a tortillát és addig sütjük, amíg a kívánt barnulást el nem érjük.

f) Szolgál!

# 15. Zöldség és quinoa tortilla

Kitermelés: 16 adag

ÖSSZETEVŐK:

1 csésze Víz

½ csésze quinoa; jól leöblítve és megfőzve

2 apró mogyoróhagyma; darált

½ csésze finomra reszelt sárgarépa

½ csésze darált pirospaprika

1 nagy tojás

¾ csésze gyorsan elkészíthető zabpehely

¾ csésze teljes kiőrlésű tésztaliszt

¾ csésze fehérítetlen fehér liszt

⅓ csésze reszelt parmezán sajt

½ teáskanál Só

½ teáskanál morzsolt száraz oregánó

ÚTVONALAK:

a) Keverje össze a medvehagymát, a sárgarépát, a pirospaprikát és a tojást. Adjuk hozzá a meleg quinoát, a zabpelyhet, a liszteket, a sajtot, a sót és az oregánót. Csak addig keverjük, amíg a tészta összeáll.

b) A tésztából hengert formázunk, pihentetjük.

c) Tortillanyomó vagy sodrófa segítségével minden részből vékony, 6 hüvelykes köröket formázzon. 30 másodpercig sütjük az első oldalon.

d) Fordítsuk meg és süssük 1 percig a második oldalon, majd fordítsuk vissza az első oldalra, és süssük utolsó 30 másodpercig.

# TORTILLA DESSZERTEK

# 16. Lisztes tortilla „tészta" alfredo

4 adagot készít

**ÖSSZETEVŐK**

4 bolti lisztes tortilla

2 csésze (475 ml) tejszín

1 csomag (3 uncia vagy 85 g) krémsajt durvára vágva vagy 1/3 csésze (80 g) mascarpone

6 uncia (170 g) reszelt parmezán sajt

1 teáskanál fokhagyma por

Választható bekeverések: 1 csésze (130 g) főtt fagyasztott borsó, leöblítve és lecsepegtetve; 4 csík bacon vagy szelet pancetta, ropogósra sütve és morzsolva

1 Szorosan tekerjünk 1 tortillát. Vágódeszkán éles késsel vágja keresztben a felsodort tortillát vékony csíkokra, mint a fettucin. Ismételje meg a többi lisztes tortillával.

2 Egy közepes serpenyőben, közepes lángon főzzük a tejszínt 3 percig, vagy amíg a buborékok fel nem törik a felületet. Csökkentse a hőt, és párolja 5 percig, vagy amíg a krém besűrűsödik, és körülbelül 11/2 csészére (355 ml) csökken.

3 Keverje hozzá a krémsajtot vagy a mascarponét, a parmezán sajtot és a fokhagymaport. Keverjük össze, és főzzük 3 percig, vagy csak addig, amíg a krémsajt megolvad és jól össze nem keveredik. Ha túl sűrű a szósz, hígítsuk fel egy kis tejszínnel vagy tejjel.

4. Keverje hozzá a tortilla "tésztát", óvatosan keverje össze, hogy egyenletesen bevonja és melegítse át. Kb. 1 percig főzzük. Ha szükséges, keverjünk hozzá zöldborsót. Tetejét morzsolt baconnel vagy pancettával rakjuk. Azonnal tálaljuk.

## 17. Lisztes tortilla "tészta" con queso

4 adagot készít

## ÖSSZETEVŐK

4 bolti lisztes tortilla

2 csésze (500 g) melegített Queso

Tej, szükség szerint

Választható bekeverések: 1 csésze (225 g) Házi készítésű Chorizo, morzsolva, főzve és lecsepegtetve; 1 csésze (146 g) durvára vágott avokádó; 1/2 csésze (90 g) apróra vágott paradicsom, leöblítve és lecsepegtetve

1 Szorosan tekerjünk 1 tortillát. Vágódeszkán éles késsel vágja keresztben a felsodort tortillát széles csíkokra, például pappardelle-t vagy tojásos tésztát. Ismételje meg a többi lisztes tortillával.

2 Egy közepes serpenyőben, lassú tűzön keverje össze a felforrósított Queso-t, és keverje hozzá a tortilla "tésztát", óvatosan keverje össze, hogy egyenletesen bevonja és melegítse át. Ha túl sűrű a szósz, hígítsuk fel tejjel.

3 Kb. 1 percig főzzük. Ha szükséges, keverje hozzá a házi készítésű Chorizót. A tetejére avokádó és paradicsom kerül. Azonnal tálaljuk.

## 18. Lisztes tortilla "pizza"

1 pizza készül (1-2 adag)

ÖSSZETEVŐK

Növényi olaj, szükség szerint

1 lisztes tortilla (6 hüvelyk [15 cm] vagy 10 hüvelyk [25 cm]) (ügyeljen arra, hogy a lisztes tortilla fedje be egy azonos méretű öntöttvas serpenyő alját)

1/4-1/3 csésze (61-81 g) paradicsomszósz, például pizzaszósz vagy új-mexikói vörös chilei szósz

1 csésze (115 g) reszelt sajt, például mozzarella vagy Monterey Jack

1/2 csésze (35 g) főtt olasz kolbász, pepperoni, (35 g) pirított gomba, (113 g) házi chorizo, (100 g) darált marhahús töltelék, vagy kívánt feltét

1/4 csésze (10 g) durvára vágott friss bazsalikom, korianderlevél vagy (36 g) pörkölt zöld chili

1 Helyezze el a sütőrácsot a brojlerhez a lehető legközelebb. A brojlert előmelegítjük.

2. Melegíts fel egy öntöttvas serpenyőt magas lángon majdnem füstölésig, és adj hozzá annyi olajat, hogy enyhén bevonja az alját. Melegítsük csak addig, amíg az olaj csillog. Csökkentse a hőt közepesen magasra, és törölje le az olaj nagy részét egy bőséges papírtörlővel, nehogy megégesse az ujjait. Ne vegye le a serpenyőt a tűzről.

3 Adja hozzá a lisztes tortillát kis buborékokkal lefelé. Főzzük 1-2 percig, vagy amíg az alja ropogós lesz és megbarnul, majd a tetejére rakjuk. Vegyük le a serpenyőt a tűzről. Megjegyzés: A lisztes tortillák mindegyik oldalán eltérően jelennek meg. Az egyik oldalon apró buborékok vannak, mint például a kavicsos textúrájú bőr, a másik oldalon pedig simábbnak tűnik, nagyobb buborékokkal, amelyek úgy néznek ki, mint egy tó hullámai. Az alsó oldal ropogós lesz. A másik oldal úgy puffad, mint a hagyományos pizzatészta.

4 Egy kanál hátával vékonyan kenjük meg a szószt a tortilla felületén, a szószt egészen a széléig kenjük.

5. Szórja meg a sajtot a tortilla felületére, egészen a széléig.

6 A sajtra helyezzük a kolbászt vagy más kívánt húsos feltétet.

7. Helyezze a broiler alá körülbelül 3 percre, vagy csak addig, amíg a sajt megolvad.

8. Megszórjuk friss bazsalikommal, korianderrel vagy sült zöld chilivel, és azonnal tálaljuk.

# 19. Lisztes tortilla "sült galuska"

4 adagot készít

## ÖSSZETEVŐK

2 csésze (450 g) főtt darált marhahús töltelék, jól lecsepegtetett vagy aprított marhaszegély, reszelt párolt sertéshús vagy fűszeres csirke

1 csésze (115 g) reszelt Pepper Jack sajt

12 bolti lisztes tortilla (6 vagy 7 hüvelyk [15 vagy 18 cm]), melegítve a rugalmasság érdekében

Növényi olaj, sütéshez

1 teáskanál finom tengeri só, vagy ízlés szerint

Salzák és mártogatós szószok: Red Salsa, Sült paradicsomszósz, Zöld Paradicsomszósz, Chipotle Salsa, Avocado Crema, Guacamole

1 Egy közepes tálban keverjük össze a tölteléket és a reszelt sajtot. Keverje össze vagy gyúrja össze, hogy a keverék húsgombóc alakú legyen.

2 Egy dinnyegombóc vagy egy evőkanál segítségével kanalazzon fel egy kör húst és sajtot. Helyezzük a tortilla közepére egy vágódeszkára.

3 Hajtsa félbe a tortillát, majd hajtsa háromszög alakúvá. Rögzítse a széleit fogpiszkálóval. Ismételje meg addig, amíg az összes tortillát meg nem töltik, összehajtják és rögzítik.

4 Egy olajsütőben vagy elektromos serpenyőben melegítsen fel legalább 7,5 cm olajat 190 °C-ra. Vagy használjon mély serpenyőt vagy más nagy edényt és cukorka/sütés hőmérőt.

5 Egy lyukas kanál segítségével óvatosan csúsztassunk egy gombócot a forró olajba. Egyszerre 2-3 darabot süssünk 15-20 másodpercig, amíg az egyik oldalon aranybarna nem lesz. Csipesz vagy lyukas kanál segítségével fordítsa meg, és süsse aranybarnára a másik oldalát, körülbelül 15-20 másodperccel tovább.

6 Egy lyukas kanál segítségével távolítsa el a gombócokat, és hagyja, hogy a felesleges olaj visszafolyjon az edénybe. Papírtörlőre tesszük, hogy felszívja a felesleges zsírt. Addig ismételjük, amíg az összes gombóc meg nem sül.

7. Megszórjuk tengeri sóval.

8 Tálaljuk melegen vagy szobahőmérsékleten a kívánt salsával vagy mártogatós szósszal.

## 20. Sopapillák (édes sült kenyér)

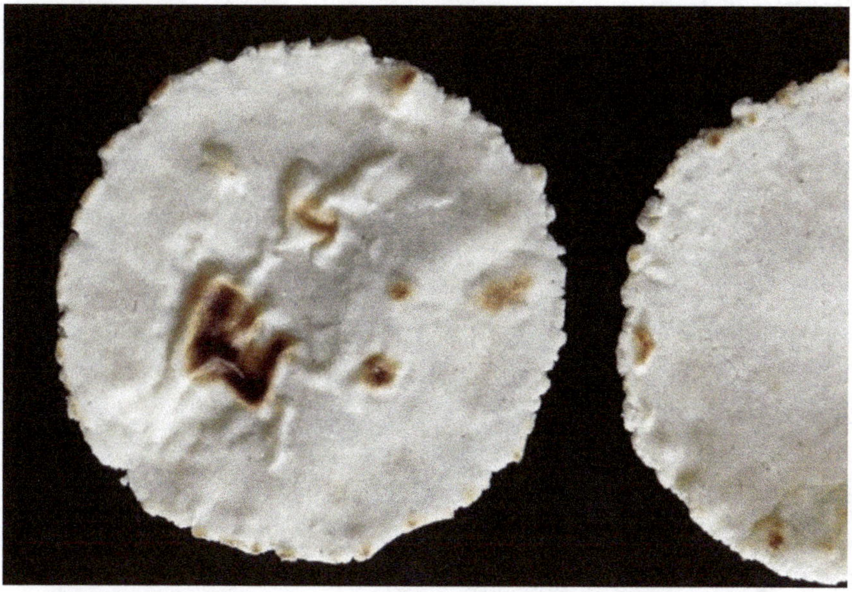

16 sopapillát készít

ÖSSZETEVŐK

21/4 csésze (281 g) univerzális liszt

2 teáskanál sütőpor

1 evőkanál (13 g) cukor, plusz szükség szerint

1/4 teáskanál só

1/3 csésze (68 g) rövidítés

3/4 csésze (175 ml) nagyon meleg (110°F [43°C]) víz

Növényi olaj, sütéshez

1 csésze (340 g) méz

1 Egy nagy keverőtálban keverje össze a lisztet, a sütőport, a cukrot és a sót. Egy nagy kanál segítségével jól keverjük össze. Vagy egy konyhai robotgép edényében keverje össze a lisztet, a sütőport, a cukrot és a sót úgy, hogy egyszer-kétszer lüktet.

2 Pogácsaszaggatóval vagy villával keverje össze a zsiradékot és a lisztes keveréket, amíg jól el nem keveredik és omlós lesz. Vagy adjuk hozzá a zsiradékot egy konyhai robotgép munkatáljához, és többször pulzáljunk, amíg a keverék jól összekeveredett és omlós lesz.

3 Adjuk hozzá a vizet, és addig keverjük vagy dolgozzuk fel, amíg tészta nem lesz. Körülbelül 20-szor gyúrjuk, amíg sima és rugalmas nem lesz. Vagy vegyük ki a munkatálból, és gyúrjuk

enyhén lisztezett deszkán körülbelül 20-szor vagy addig, amíg sima és rugalmas nem lesz. Letakarjuk és legalább 30 percre félretesszük pihenni.

4 Öntse az olajat egy olajsütőbe vagy egy elektromos serpenyőbe legalább 5 cm mélységig. Melegítse elő 375 °F-ra (190 °C). Használhat mély serpenyőt vagy holland sütőt és cukorka- vagy sütés-hőmérőt a főzőlapon. Töltse fel 5 cm-es olajjal, és melegítse elő 190 °C-ra.

5. Enyhén szórjon lisztet a pultra vagy egy nagy fadeszkára.

6 Osszuk a tésztát négy részre.

7. A tészta minden részét körülbelül 8 hüvelyk (20 cm) négyzet alakúra nyújtsa, körülbelül 3 mm vastagságúra. A felületet enyhén szórjuk meg liszttel, hogy ne ragadjon le.

8 Késsel vágja a tésztát 4 négyzetre (4 hüvelyk vagy 10 cm), vagy használjon körülbelül azonos méretű pogácsaszaggatót.

9. Süssük meg mindegyik sopapillát forró olajban, körülbelül 15-20 másodpercig, vagy amíg az egyik oldaluk aranybarnára sül. Csipesz vagy lyukas kanál segítségével fordítsa meg és süsse aranybarnára, körülbelül 15-20 másodpercig.

10 Egy lyukas kanál segítségével távolítsa el a sopapillát, és papírtörlőn szűrje le.

11 A meleg sopapillák tetejét bőségesen megszórjuk cukorral.

12 Mézzel meglocsolva tálaljuk.

# 21. Lisztes tortilla "krepp"

8 palacsintát készít

ÖSSZETEVŐK

8 evőkanál vaj

8 alapvető lisztes tortilla, vagy bolti

1 csésze édes Mascarpone

2 csésze Crème Anglaise, meleg Cajeta, Dulce de Leche vagy Ananászszósz

1 csésze öblített és szárított áfonya/málna/eper/banán

Tejszínhab (elhagyható)

Őrölt szerecsendió (opcionális)

1 Melegítse elő a sütőt 150°C-ra vagy 2-es gázjelzésre.

2 Egy kis serpenyőben, kis lángon olvasszon fel 1 evőkanál (14 g) vajat. Amikor a vaj felbuborékosodik, csipesszel adjunk hozzá 1 tortillát, és forgassuk meg, hogy az egyik oldalát egyenletesen kenje be vajjal.

3 Fordítsa meg, és kenje be vajjal a második oldalát. A tortillának puhanak kell lennie; ne hagyjuk ropogósra a vajban.

4 Helyezze a tortillát egy nagy fólialapra.

5 Ismételje meg a többi tortillával is, egymásra rakva őket. Amikor a vajban megpuhult, a tortillákat szorosan fóliába csomagoljuk, és 10 percre a sütőbe tesszük.

6 Tálaláskor vegye ki a tortillákat a sütőből. Egy tortilla közepére terítsen 2 evőkanál (29 g) édes mascarponét. Tekerd fel, mint egy enchilada-t, vagy hajtsd össze, mint egy tacot. A tetejére tegyük a kívánt gyümölccsel. Meglocsoljuk Crème Anglaise-vel vagy 1/4 csésze (60 ml) kívánt szósszal. Kívánság szerint mindegyiket tejszínhabbal meglocsoljuk. Megszórjuk szerecsendióval.

## 22. Lisztes tortilla "empanadas"

8 adagot készít

ÖSSZETEVŐK

8 bolti lisztes tortilla, melegítve

2 csésze (480 g) töltelék: sütőtök, édesburgonya vagy rumos alma

1 nagy tojás, felvert, plusz 1 evőkanál (15 ml) víz, tej vagy tejszín

Növényi olaj, mély sütéshez

1 csésze (200 g) cukor

1 evőkanál (7 g) fahéj

1 Melegítse fel a tortillákat a rugalmasság érdekében, és tartsa melegen. Tegyünk 1 tortillát egy vágódeszkára vagy lapos tányérra. Helyezzen 1/4 csésze (60 g) tölteléket a tortilla közepére.

2 Kenje meg a tojáskeverékkel a tortilla szélét egy 12 mm (1/2 hüvelyk) széles tésztaecsettel.

3 Hajtsa össze a tortilla széleit. Ujjaival pépesítsd össze, préseld össze a széleket. Vagy villával nyomja össze a széleket. Biztosításhoz használjon fogpiszkálót a szélek rögzítéséhez.

4 Egy olajsütőben, elektromos serpenyőben vagy erős serpenyőben közepesen magas lángon melegítsen fel legalább 5 cm-nyi növényi olajat 190 °C-ra.

5 Egy fém lyukas kanál segítségével óvatosan csúsztassunk egy tortilla „empanadát" a forró olajba. 45 másodperctől 1 percig sütjük, vagy amíg az egyik oldalon aranybarna nem lesz. Fordítsa meg és süsse a másik oldalát 30-45 másodpercig, vagy amíg aranybarna nem lesz.

6 Egy kanál segítségével emelje ki az „empanadát" a forró olajból, és hagyja, hogy a felesleges olaj visszafolyjon az edénybe. Papírtörlőn lecsepegtetjük. Ismételje meg a többi empanadával, amíg minden meg nem fő.

7 Keverje össze a cukrot és a fahéjat. A meleg „empanadák" tetejét bőségesen megszórjuk fahéjas cukorral.

8 Melegen vagy szobahőmérsékleten tálaljuk.

## 23. Fahéjas cukorliszt tortilla chips

4 adagot készít

## ÖSSZETEVŐK

4 alapvető lisztes tortilla (6-7 hüvelyk, vagy 15 vagy 18 cm), vagy bolti

4 evőkanál (55 g) vaj, lágyítva vagy megolvasztva

1 csésze (200 g) cukor, plusz 1 evőkanál (7 g) fahéj, jól összekeverve

Édes Mascarpone

1 csésze (240 g) Fruit Pico, lecsepegtetve

1 Melegítse elő a sütőt 350°F-ra (180°C-ra vagy 4-es gázjelzésre).

2 Gumi spatulával vagy ecsettel egyenletesen kenje be minden tortilla egyik oldalát vajjal egészen a széléig. A kivajazott tortillákat egy tepsibe helyezzük egy rétegben.

3 Helyezze a tortillákat a sütőbe, és süsse 10 percig, vagy amíg enyhén pirított és ropogós nem lesz.

4 Vegyük ki a sütőből, és bőségesen szórjuk meg minden tortilla felületét cukros fahéjas keverékkel.

5. Tálaljon minden ropogóst egy kis édes mascarponéval vagy krémsajttal.

6 A tetejére tegyen 1/4 csésze (60 g) Fruit Pico-t.

# TOSTADAS

# 24. Alapvető Tostadas

4 adag, egyenként 2 tostada

## ÖSSZETEVŐK

8 tortilla tostada héj, a fent leírt módszerek egyikével elkészítve 1/2 csésze sült bab
3/4 csésze Chorizo, burgonya és sárgarépa töltelék
1 csésze reszelt saláta
3/4 csésze apróra vágott paradicsom
2 evőkanál reszelt kecskesajt
Salsa

## ÚTVONALAK

Helyezzen 2 tostada héjat mind a négy tányérra, és terítsen mindegyikre körülbelül 2 evőkanál babot. A tetejére egyenlő mennyiségű Chorizo, burgonya és sárgarépa tölteléket, salátát, paradicsomot és sajtot teszünk, és a salsával tálaljuk.

## ADAGONKÉNT

190 kalória | 6 g fehérje | 20 g szénhidrát | 6 g összes zsír (1 g telített) | 5 mg koleszterin | 5 g rost | 4 g cukor | 190 mg nátriumot

## 25. Gorditas de Papas(burgonya Gorditas)

Körülbelül 16 Gordita

## ÖSSZETEVŐK

14 uncia elkészített masa tortillához, vagy 1-1/2 csésze Maseca és 1 csésze plusz 1 evőkanál víz
9 uncia hámozott rozsdaburgonya (hámozás után lemérve), 1-1/2 hüvelykes kockákra vágva
2 teáskanál étolaj, plusz főzőspray a Gorditas sütéséhez
1/2 teáskanál só
Pico de Gallo, vagy kedvenc salsája
1/2 csésze guacamole

## ÚTVONALAK

Készítse elő a masszát. Ha Masecát használ tortillához, tegyen 1-1/2 csészét egy közepes méretű tálba, és fakanállal keverje el 1 csésze plusz 1 evőkanál vízzel. Körülbelül 2 percig dagasztjuk a tésztát, vagy amíg egészen sima nem lesz, majd 30 percig pihentetjük műanyag fóliával letakarva, hogy teljesen hidratáljon. A tészta súlya körülbelül 14 uncia.

Főzzük meg a burgonyát, és fejezzük be a tésztát. A burgonyát edénybe tesszük, felöntjük néhány centiméter vízzel, és addig pároljuk, amíg egy vágókéssel könnyen át nem szúrjuk. A burgonyát lecsöpögtetjük, és egy burgonyarizselőn áttesszük, vagy alaposan összetörjük. Keverjük hozzá az étolajat és a sót. A tészta befejezéséhez keverje össze a 14 uncia tortilla maszát és a burgonyapürével.

Alakítsd ki a Gorditasokat. Pat 1-1/2 uncia darabokat a tészta körökbe. 1/8 és 1/4 hüvelyk közötti vastagságúnak kell lenniük. Melegítsen fel egy tapadásmentes serpenyőt közepes lángon (kb. 350-375 °F, ha van lézeres hőmérője). Adjon hozzá annyi főzősprayt, hogy a felületet befóliázza, és süsse a tésztát addig, amíg az alja aranybarnára nem kezd, körülbelül 4 percig. Fordítsd meg a Gorditákat, és süsd még 4 percig a másik oldalán. Töltsön rá egy kis Pico de Gallo-t, Guacamole-t vagy bármi mást, amit szeret, és tálalja.

# TORTILLA PAKOLÁSOK, BURRITÓK ÉS TACÓK

# 26. Lisztes tortilla

Főzési idő: 5 perc

Adagok: 10-13

## ÖSSZETEVŐK

450 g univerzális liszt

3 evőkanál hideg zöldségleves

1 teáskanál só

2 teáskanál sütőpor

375 ml víz

## ÚTVONALAK

1. Egy tálban összekeverjük a lisztet, a sót, a sütőport és a zöldséglevest. Keverjük jól össze a kezünkkel, amíg minden el nem keveredik.

2.Lassan hozzáöntjük a vizet, és kézzel összegyúrjuk a tésztát. A lisztnek fel kell szívnia a folyadékot, sima tésztát kell kapnia.

3.A tésztából golyókat formázunk, egyenként a tortillanyomóba tesszük. Nyomja meg a tortillák formázásához.

Egy öntöttvas serpenyőt közepes lángon előmelegítünk. Egyenként hozzáadjuk a tortillákat, és oldalanként 30-40 másodpercig sütjük.

# 27. Mandulalisztből készült tortilla

Főzési idő: 5 perc

Adagok: 8

## ÖSSZETEVŐK

100 g őrölt blansírozott mandulaliszt

4 evőkanál kókuszliszt

1 teáskanál xantángumi

1 teáskanál sütőpor

1/2 teáskanál só

1 tojás, szobahőmérsékleten, felverve

4 evőkanál langyos víz

## ÚTVONALAK

1. Adja hozzá a tojást, a mandulalisztet, a kókuszlisztet, a xantángumit, a sütőport, a sót és a vizet egy turmixgépbe, és keverje össze. A tésztát műanyag fóliába csomagoljuk, és legalább 10 percre hűtőbe tesszük.

2.Bélelje ki a tortillaprés mindkét oldalát sütőpapírral vagy Ziploc zacskókkal. A tésztából golyókat formálunk, egyenként a tortillanyomóba tesszük. Nyomja meg a tortillák formázásához.

3.Melegítsen elő egy öntöttvasat közepes lángon. Egyenként hozzáadjuk a tortillákat, és oldalanként kb. 15-20 másodpercig sütjük.

## 28. Bab és sertés quesadilla

Főzési idő: 5 perc

Adagok: 4

## ÖSSZETEVŐK

450 g univerzális liszt

3 evőkanál hideg zöldségleves

1 teáskanál só

2 teáskanál sütőpor

375 ml víz

1 doboz (580 g) BBQ ízű sült bab és sertéshús

225 g cheddar sajt, reszelve

125 ml tejföl

2 teáskanál növényi olaj

## ÚTVONALAK

1. Egy tálban összekeverjük a lisztet, a sót, a sütőport és a zöldséglevest. Keverjük jól össze a kezünkkel, amíg minden el nem keveredik.

2.Lassan hozzáöntjük a vizet, és kézzel összegyúrjuk a tésztát. A lisztnek fel kell szívnia a folyadékot, sima tésztát kell kapnia.

3.A tésztából golyókat formázunk, egyenként a tortillanyomóba tesszük. Nyomja meg a tortillák formázásához.

4.Melegítsen elő egy öntöttvas serpenyőt közepes lángon. Egyenként hozzáadjuk a tortillákat, és oldalanként 30-40 másodpercig sütjük.

5.A babot egy tálba öntjük, és villával lazán pépesítjük.

6. Helyezze a tortillákat sima felületre, és kenje meg a széleit vízzel, majd mindegyik felét adjon hozzá babot és sajtot. Hajtsa fel és nyomja meg a széleit a lezáráshoz.

7. Serpenyőben felhevítjük az olajat közepesen magas lángon, majd egyik tortillát a másik után sütjük oldalanként körülbelül 3 percig. Hagyjuk kicsit hűlni, tejföllel tálaljuk

# 29. Krémes csirke Quesadilla

Főzési idő: 15 perc

Adagok: 6

## ÖSSZETEVŐK

450 g univerzális liszt

3 evőkanál hideg zöldségleves

1 teáskanál só

2 teáskanál sütőpor

375 ml víz

2 doboz csirkemell darabokra

1 doboz (300 g) csirkeleves sűrített tejszín

113 g cheddar sajt, reszelve

125 ml tejföl

64 g salsa

## ÚTVONALAK

1. Egy tálban összekeverjük a lisztet, a sót, a sütőport és a zöldséglevest. Keverjük jól össze a kezünkkel, amíg minden el nem keveredik.

2.Lassan hozzáöntjük a vizet, és kézzel összegyúrjuk a tésztát. A lisztnek fel kell szívnia a folyadékot, sima tésztát kell kapnia.

3.A tésztából golyókat formázunk, egyenként a tortillanyomóba tesszük. Nyomja meg a tortillák formázásához.

4.Melegítsen elő egy öntöttvas serpenyőt közepes lángon. Egyenként hozzáadjuk a tortillákat, és oldalanként 30-40 másodpercig sütjük.

5. A sütőt 200 C-ra előmelegítjük. Egy tálban összekeverjük a csirkelevest és a csirkemellet sajttal.

6. Tartsa a tortillákat 2 tepsiben, majd kenje meg a széleit vízzel, és kanalazzon csirkemeveréket mindegyik tortilla felére. Hajtsa fel, nyomja meg a széleit a lezáráshoz.

7.Sütjük 10 percig; tejföllel és salsával tálaljuk.

## 30. Koriander lisztes tortilla

Főzési idő: 15 perc

Adagok: 12

## ÖSSZETEVŐK

256 g friss koriander apróra vágva

2 csésze (255 g) univerzális liszt

32 g sertészsír, apróra vágva

1 evőkanál növényi olaj

1 teáskanál kóser só

## ÚTVONALAK

1. Forraljon fel körülbelül 1. 2. L vizet egy serpenyőben közepes lángon. . A koriandert vízben 1 percig főzzük. Csöpögtessük le a koriandert, és hagyjunk ¾ csésze főzővizet.

2. A főzővizet, a koriandert és a sót turmixgépben turmixoljuk simára, hagyjuk kihűlni.

3.Add hozzá a lisztet és a zsírt egy tálba, és alaposan keverd össze. Adjunk hozzá növényi olajat, majd adjunk hozzá ½ csésze koriandervizet, hogy tésztát kapjunk. Helyezze a tésztát egy munkafelületre, és dagasszon 5-7 percig. Kb. 30 percig pihentetjük.

4.A tésztából golyókat formázunk, egyenként a tortillanyomóba tesszük. Nyomja meg a tortillák formázásához.

5.Melegítsen elő egy öntöttvas serpenyőt közepes lángon. Egyenként hozzáadjuk a tortillákat, és oldalanként 30-40 másodpercig sütjük.

# 31. Kukorica tortilla

Főzési idő: 10 perc

Adagok: 15

## ÖSSZETEVŐK

260 g masa harina tortillához

250 ml forró víz

2 evőkanál víz, szobahőmérsékleten

## ÚTVONALAK

1.Egy tálban összekeverjük a masa harinát és a forró vizet. Lefedjük és kb 30 percig pihentetjük.

2.A tésztát szobahőmérsékletű víz hozzáadásával összegyúrjuk. Addig gyúrjuk, amíg sima tésztát nem kapunk.

3.Bélelje ki a tortillaprés mindkét oldalát sütőpapírral vagy Ziploc zacskókkal. A tésztából golyókat formálunk, egyenként a tortillanyomóba tesszük. Nyomja meg a tortillák formázásához.

4.Melegítsen elő egy öntöttvasat közepes lángon. Egyenként hozzáadjuk a tortillákat, és oldalanként kb. 15-20 másodpercig sütjük.

# 32. Marha Burrito serpenyő

Főzési idő: 20 perc

Adagok: 6

## ÖSSZETEVŐK

450 g univerzális liszt

64 g mexikói keverék

3 evőkanál hideg sajt, felaprítva

zöldség rövidítés

32 g zöldhagyma, szeletelve

1 teáskanál só

128 g salsa

2 teáskanál sütőpor

250 ml víz

375 ml víz

125 ml tejföl

450 g darált marhahús

1 csomag taco fűszerezés

1 doboz (425 g) fekete bab, leöblítve, lecsepegtetve

## ÚTVONALAK

1. Egy tálban összekeverjük a lisztet, a sót, a sütőport és a zöldséglevest. Keverjük jól össze a kezünkkel, amíg minden el nem keveredik.

2.Lassan hozzáöntjük a vizet, és kézzel összegyúrjuk a tésztát. A lisztnek fel kell szívnia a folyadékot, sima tésztát kell kapnia.

3.A tésztából golyókat formázunk, egyenként a tortillanyomóba tesszük. Nyomja meg a tortillák formázásához.

4.Melegítsen elő egy öntöttvas serpenyőt közepes lángon. Egyenként hozzáadjuk a tortillákat, és oldalanként 30-40 másodpercig sütjük. Hagyjuk kicsit kihűlni és feldaraboljuk.

5Melegítsen elő egy serpenyőt közepesen magas lángon, majd süsse a marhahúst 9 percig, gyakran keverve. Adjunk hozzá vizet, babot, salsát és taco fűszereket, majd főzzük 3 percig közepes lángon.

6.Csökkentse a hőt alacsonyra, majd adja hozzá a tortillákat és a sajtot. Vegyük le a tűzről, és hagyjuk, hogy a sajt felolvadjon.

7.Adjuk hozzá a hagymát és a tejfölt, forrón tálaljuk.

# 33. Enchilada csirke serpenyő

Főzési idő: 10 perc

Adagok: 6

## ÖSSZETEVŐK

450 g univerzális liszt

32 g zöldhagyma, szeletelve

3 evőkanál hidegen

128 g mexikói keverék sajt, reszelve

zöldség rövidítés

1 teáskanál só

64 g darabos salsa

2 teáskanál sütőpor

125 ml tejföl

375 ml víz

65 ml víz

256 g csirke, főtt, felaprítva

½ teáskanál őrölt kömény

½ teáskanál szárított oregánó

ÚTVONALAK

1. Egy tálban összekeverjük a lisztet, a sót, a sütőport és a zöldséglevest. Keverjük jól össze a kezünkkel, amíg minden el nem keveredik.

2.Lassan hozzáöntjük a vizet, és kézzel összegyúrjuk a tésztát. A lisztnek fel kell szívnia a folyadékot, sima tésztát kell kapnia.

3.A tésztából golyókat formázunk, egyenként a tortillanyomóba tesszük. Nyomja meg a tortillák formázásához.

4.Melegítsen elő egy öntöttvas serpenyőt közepes lángon. Egyenként hozzáadjuk a tortillákat, és oldalanként 30-40 másodpercig sütjük. Hagyjuk kihűlni és szeleteljük fel a tortillákat.

5 Adja hozzá a csirkét ugyanabba a serpenyőbe, adjon hozzá szószt, salsát, vizet, köményt és oregánót. Forraljuk fel és főzzük körülbelül 10 percig.

6.Add hozzá a tortillát és a sajtot. Levesszük a tűzről. Az edényt megszórjuk hagymával, és tejföllel megkenve tálaljuk.

# 34. Tortilla chips

Főzési idő: 15 perc

Adagok: 6-8

## ÖSSZETEVŐK

260 g masa harina tortillához

250 ml forró víz

2 evőkanál víz, szobahőmérsékleten

Repceolaj, sütéshez

Só ízlés szerint

## ÚTVONALAK

1.Egy tálban összekeverjük a masa harinát és a forró vizet. Lefedjük és kb 30 percig pihentetjük.

2.A tésztát szobahőmérsékletű víz hozzáadásával összegyúrjuk. Addig gyúrjuk, amíg sima tésztát nem kapunk.

3.Bélelje ki a tortillaprés mindkét oldalát sütőpapírral vagy Ziploc zacskókkal. A tésztából golyókat formálunk, egyenként a tortillanyomóba tesszük. Nyomja meg a tortillák formázásához.

4.Melegítsen elő egy öntöttvasat közepes lángon. Egyenként hozzáadjuk a tortillákat, és oldalanként kb. 15-20 másodpercig sütjük. Hagyjuk kihűlni és háromszögekre vágjuk.

5.Előmelegítsen olajat egy serpenyőben 350 F-ra. Helyezzen egy rácsot egy sütőlapra.

6. A tortillákat olajban, adagonként, 1 percig sütjük.

7.Ha kész, tegyük rácsra, és még forrón ízesítsük sóval. Hagyjuk kihűlni és tálaljuk.

# 35. Apple Taquitos

Főzési idő: 15 perc

Adagok: 12

## ÖSSZETEVŐK

450 g univerzális liszt

3 evőkanál hideg zöldségleves

1 teáskanál só

2 teáskanál sütőpor

375 ml víz

1 doboz (560 g) almás pite töltelék, apróra vágva

32 g vaj, olvasztott

1 teáskanál fahéj

64 g cukor

## ÚTVONALAK

1. Egy tálban összekeverjük a lisztet, a sót, a sütőport és a zöldséglevest. Keverjük jól össze a kezünkkel, amíg minden el nem keveredik.

2.Lassan hozzáöntjük a vizet, és kézzel összegyúrjuk a tésztát. A lisztnek fel kell szívnia a folyadékot, sima tésztát kell kapnia.

3.A tésztából golyókat formázunk, egyenként a tortillanyomóba tesszük. Nyomja meg a tortillák formázásához.

4.Melegítsen elő egy öntöttvas serpenyőt közepes lángon. Egyenként hozzáadjuk a tortillákat, és oldalanként 30-40 másodpercig sütjük.

5.Melegítse elő a sütőt 176 C-ra. Egy tepsit kikenünk vajjal. Egy tálban összekeverjük a fahéjat és a cukrot.

6 Helyezze a tortillákat egy sima felületre, majd mindegyik tetejére tegyen 2 evőkanál almás pitétölteléket, és tekerje fel. Kenjük meg a tortillákat vajjal, majd mártsuk mindegyiket fahéjas keverékbe. Helyezzük a tepsire és süssük 15 percig.

# 36. Serpenyős csirke tortilla pite

Főzési idő: 1 óra

Adagok: 12

## ÖSSZETEVŐK

520 g masa harina tortillához

500 ml forró víz

4 evőkanál víz, szobahőmérsékleten

900 g csont nélküli csirkemell, bőrrel

400 g mozzarella sajt, reszelve

2 evőkanál taco fűszerkeverék

## SZÓSZHOZ

375 ml csirkehúsleves

2 doboz (800 g) paradicsom, felkockázva

1 db sárgahagyma apróra vágva

4 gerezd fokhagyma apróra vágva

2 evőkanál olaj

2 teáskanál chili por

1 teáskanál oregánó

2 teáskanál kömény

1 $\frac{1}{2}$ teáskanál só

ÚTVONALAK

1.Egy tálban összekeverjük a masa harinát és a forró vizet. Lefedjük és kb 30 percig pihentetjük.

2.A tésztát szobahőmérsékletű víz hozzáadásával összegyúrjuk. Addig gyúrjuk, amíg sima tésztát nem kapunk.

3.Bélelje ki a tortillaprés mindkét oldalát sütőpapírral vagy Ziploc zacskókkal. A tésztából golyókat formálunk, egyenként a tortillanyomóba tesszük. Nyomja meg a tortillák formázásához.

4.Melegítsen elő egy öntöttvasat közepes lángon. Egyenként hozzáadjuk a tortillákat, és oldalanként kb. 15-20 másodpercig sütjük.

5.Melegítsen elő olajat egy serpenyőben közepesen magas lángon, és süsse meg a hagymát körülbelül 5-7 percig. Csökkentse a lángot, és adjon hozzá köményt, chiliport, fokhagymát, oregánót és sót, és pirítsa 3 percig.

6.Adjuk hozzá a paradicsomot és a csirkehúslevest, forraljuk fel az egészet. . Körülbelül 7 percig főzzük. Turmixgéppel pürésítjük.

7. A csirkemelleket sózzuk, olajat öntünk egy serpenyőbe, és közepes-alacsony lángon addig sütjük, amíg mindkét oldala

megbarnul. Adjuk hozzá a szószt és forraljuk 8 percig. A csirkemellet kivesszük a serpenyőből és feldaraboljuk.

8.Melegítse elő a sütőt 176 C-ra. Készítsen elő egy tepsit, tegyen rá 5 szószba mártott tortillát.

9. Adjon hozzá körülbelül 1 evőkanál sajtot, 1 evőkanál csirkét és $\frac{3}{4}$ csésze szószt. Ismételje meg a rétegeket. Készíts 2 pitét.

10.Fedjük le a lepényeket alufóliával és süssük 25 percig.

# 37. Tortilla francia pirítós

Főzési idő: 5 perc

Adagok: 4

## ÖSSZETEVŐK

1 tojás

65 ml tej

100 g őrölt blansírozott mandulaliszt

1 evőkanál sótlan vaj

1 evőkanál vanília kivonat

4 evőkanál kókuszliszt

32 g cukor

1 teáskanál xantángumi

1 teáskanál őrölt fahéj

1 teáskanál sütőpor

1/2 teáskanál só

1 tojás, szobahőmérsékleten, felverve

4 evőkanál langyos víz

## ÚTVONALAK

1. Adja hozzá a tojást, a mandulalisztet, a kókuszlisztet, a xantángumit, a sütőport, a sót és a vizet egy turmixgépbe, és keverje össze. A tésztát műanyag fóliába csomagoljuk, és legalább 10 percre hűtőbe tesszük.

2.Bélelje ki a tortillaprés mindkét oldalát sütőpapírral vagy Ziploc zacskókkal. A tésztából golyókat formálunk, egyenként a tortillanyomóba tesszük. Nyomja meg a tortillák formázásához.

3.Melegítsen elő egy öntöttvasat közepes lángon. Egyenként hozzáadjuk a tortillákat, és oldalanként kb. 15-20 másodpercig sütjük.

4. A tojást, a vaníliát és a tejet egy tálban felverjük. . Egy külön tálban keverjük össze a cukrot és a fahéjat.

5.Melegítsen elő egy serpenyőt közepes lángon, és kenje meg vajjal.

6. A tortillákat a tojásos keverékbe mártjuk, és mindkét oldalukat aranybarnára sütjük.

7.Göndítsd meg a fahéjas cukorral, hajtsd össze és tálald.

## 38. Koreai marhahús taco

Főzési idő: 10 perc

Adagok: 12

## ÖSSZETEVŐK

450 g univerzális liszt

1 evőkanál friss

3 evőkanál hideg zöldségleves

gyömbér, darált

¼ csésze szójaszósz

1 teáskanál só

¼ csésze barna cukor

2 teáskanál sütőpor

¼ csésze forró víz

375 ml víz

1 teáskanál fekete bors

1 ½ lb marha steak, szeletelve

**A SZÓZSHOZ:**

1 lila káposzta, felaprítva

1/3 csésze tejföl

1 avokádó, szeletelve

$\frac{1}{4}$ csésze majonéz

1/3 koriander csokor, apróra vágva

1 teáskanál Sriracha szósz

A PÁRCÁHOZ:

1 teáskanál fokhagyma por

4 evőkanál szezámolaj

2 evőkanál limelé

4 gerezd fokhagyma, felaprítva

ÚTVONALAK

1. Egy tálban összekeverjük a lisztet, a sót, a sütőport és a zöldséglevest. Keverjük jól össze a kezünkkel, amíg minden el nem keveredik.

2.Lassan hozzáöntjük a vizet, és kézzel összegyúrjuk a tésztát. A lisztnek fel kell szívnia a folyadékot, sima tésztát kell kapnia.

3.A tésztából golyókat formázunk, egyenként a tortillanyomóba tesszük. Nyomja meg a tortillák formázásához.

4.Melegítsen elő egy öntöttvas serpenyőt közepes lángon. Egyenként hozzáadjuk a tortillákat, és oldalanként 30-40 másodpercig sütjük.

5. Keverje össze a szósz összes összetevőjét egy tálban, és adjon hozzá marhaszeleteket. Jól átforgatjuk, hogy bevonjuk, lefedjük és legalább 4 órára hűtőbe tesszük.

6.Előmelegítsen olajat egy serpenyőben közepes lángon. . Hozzáadjuk a húst, és 7-8 percig sütjük, amíg a hús minden oldala megpirul.

7. Melegítsen elő egy külön serpenyőt közepes lángon, és tegye a tortillákat a serpenyőre, melegítse fel és fordítsa át a másik oldalára.

8. Keverje össze a szósz hozzávalóit egy tálban.

9. Helyezze a marhahús keveréket minden tortilla tetejére, adjon hozzá káposztát, avokádót és koriandert, öntse meg taco szósszal és tálalja.

# 39. Csirke és Poblano Chilaquiles

Főzési idő: 45 perc

Adagok: 2

## ÖSSZETEVŐK

450 g univerzális liszt

3 evőkanál hideg zöldségleves

1 teáskanál só

2 teáskanál sütőpor

375 ml víz

2 csirkemell, főzve, felaprítva

2 gerezd fokhagyma, darálva

1 avokádó, szeletelve

1 csokor koriander

1 lime, levében

1 poblano paprika, apróra vágva

1 medvehagyma, apróra vágva

1 vöröshagyma, apróra vágva

½ fej escarole, apróra vágva

1 doboz (225 g) paradicsomszósz

2 evőkanál mexikói fűszerkeverék

56 g queso freskó

## ÚTVONALAK

1. Egy tálban összekeverjük a lisztet, a sót, a sütőport és a zöldséglevesét. Keverjük jól össze a kezünkkel, amíg minden el nem keveredik.

2.Lassan hozzáöntjük a vizet, és kézzel összegyúrjuk a tésztát. A lisztnek fel kell szívnia a folyadékot, sima tésztát kell kapnia.

3.A tésztából golyókat formázunk, egyenként a tortillanyomóba tesszük. Nyomja meg a tortillák formázásához.

4.Melegítsen elő egy öntöttvas serpenyőt közepes lángon. Egyenként hozzáadjuk a tortillákat, és oldalanként 30-40 másodpercig sütjük.

5.A sütőt 200 C-ra előmelegítjük. A tortillákat csíkokra vágjuk és a tepsire terítjük. 15 percig sütjük.

6.Előmelegítsen olajat egy serpenyőben közepes lángon. Adjuk hozzá a hagymát, a borsot és a fokhagymát, főzzük körülbelül 2-3 percig.

7. Adjon hozzá paradicsomszószt, csirkét, koriandert, fűszereket és körülbelül 125 ml vizet. Kb. 10 percig főzzük.

8. Keverje össze a lime levét, körülbelül 2 evőkanál olajat és a mogyoróhagymát egy tálban. Tegye a tortillacsíkokat és a medvehagymás keveréket a serpenyőbe, és keverje össze.

9. Tálaljuk avokádóval és korianderrel.

# 40. Friss rák taco

Főzési idő: 15 perc

Adagok: 4

## ÖSSZETEVŐK

450 g univerzális liszt

2 paradicsom, apróra vágva

3 evőkanál hideg zöldségleves

2 retek felkockázva

½ vöröshagyma, apróra vágva

1 teáskanál só

1 kaliforniai paprika, kockára vágva

2 teáskanál sütőpor

1 jalapeno, apróra vágva

375 ml víz

32 g friss koriander apróra vágva

225 g rákhús

2 teáskanál Sriracha

3 evőkanál olívaolaj

Só ízlés szerint

1 evőkanál limelé

1 evőkanál friss menta, apróra vágva

## ÚTVONALAK

1. Egy tálban összekeverjük a lisztet, a sót, a sütőport és a zöldséglevesetet. Keverjük jól össze a kezünkkel, amíg minden el nem keveredik.

2.Lassan hozzáöntjük a vizet, és kézzel összegyúrjuk a tésztát. A lisztnek fel kell szívnia a folyadékot, sima tésztát kell kapnia.

3.A tésztából golyókat formázunk, egyenként a tortillanyomóba tesszük. Nyomja meg a tortillák formázásához.

4.Melegítsen elő egy öntöttvas serpenyőt közepes lángon. Egyenként hozzáadjuk a tortillákat, és oldalanként 30-40 másodpercig sütjük.

5. Keverje össze a paradicsomot, a retket, a lilahagymát, 2 evőkanál koriandert és a Srirachát egy tálban. Ízesítsük sóval és jól keverjük össze.

6. Egy külön tálban keverje össze a jalapenót, a kaliforniai paprikát, az olívaolajat, a lime levét, a mentát és a maradék koriandert. Adjuk hozzá a rákhúst, sózzuk, keverjük jól össze.

7. Minden tortillát tegyünk rá rákhúskeverékkel, és tegyük meg salsával. Szolgál.

# 41. Őszibarack és tejszínes desszert taco

Főzési idő: 15 perc

Adagok: 6

## ÖSSZETEVŐK

450 g univerzális liszt

3 evőkanál hideg zöldségleves

1 teáskanál só

2 teáskanál sütőpor

375 ml víz

2 érett őszibarack, szeletelve

113 g krémsajt

1 teáskanál vanília kivonat

128 g porcukor

1 $\frac{1}{2}$ evőkanál nehéz tejszín

## ÚTVONALAK

1. Egy tálban összekeverjük a lisztet, a sót, a sütőport és a zöldséglevest. Keverjük jól össze a kezünkkel, amíg minden el nem keveredik.

2.Lassan hozzáöntjük a vizet, és kézzel összegyúrjuk a tésztát. A lisztnek fel kell szívnia a folyadékot, sima tésztát kell kapnia.

3.A tésztából golyókat formázunk, egyenként a tortillanyomóba tesszük. Nyomja meg a tortillák formázásához.

4.Melegítsen elő egy öntöttvas serpenyőt közepes lángon. Egyenként hozzáadjuk a tortillákat, és oldalanként 30-40 másodpercig sütjük.

5. Beat krémsajtot egy tálba. Adjunk hozzá vaníliát és jól keverjük össze.

6.Adjuk hozzá a porcukrot és jól keverjük össze. Adjunk hozzá tejszínt és keverjük újra.

7. A keveréket rákanalazzuk a tortillára, és a tetejére rakjuk az őszibarackot. Szolgál.

# 42. Reggeli Burrito

Főzési idő: 15 perc

Adagok: 4

## ÖSSZETEVŐK

450 g univerzális liszt

3 evőkanál hideg zöldségleves

1 teáskanál só

2 teáskanál sütőpor

375 ml víz

4 tojás

2 tojásfehérje

½ vöröshagyma, kockára vágva

1 kaliforniai paprika, kockára vágva

1 paradicsom, felkockázva

1 avokádó, kockára vágva

1 csésze fekete bab konzerv, leöblítve, lecsepegtetve

1/3 csésze Pepper Jack sajt, aprítva

¼ csésze salsa

¼ teáskanál chili pehely

Só és bors, ízlés szerint

## ÚTVONALAK

1. Egy tálban összekeverjük a lisztet, a sót, a sütőport és a zöldséglevest. Keverjük jól össze a kezünkkel, amíg minden el nem keveredik.

2.Lassan hozzáöntjük a vizet, és kézzel összegyúrjuk a tésztát. A lisztnek fel kell szívnia a folyadékot, sima tésztát kell kapnia.

3.A tésztából golyókat formázunk, egyenként a tortillanyomóba tesszük. Nyomja meg a tortillák formázásához.

4.Melegítsen elő egy öntöttvas serpenyőt közepes lángon. Egyenként hozzáadjuk a tortillákat, és oldalanként 30-40 másodpercig sütjük.

5. Melegítsen elő egy serpenyőt, amely nem serpenyőben van, közepes lángon. Adjuk hozzá a hagymát és a kaliforniai paprikát, és főzzük körülbelül 6-8 percig.

6.Add hozzá a fekete babot és a chilipehelyet, főzd 3 percig. Sózzuk, borsozzuk.

7. A tojást és a fehérjét egy tálban felverjük. Adjunk hozzá sajtot.

8. Adja hozzá a tojást a serpenyőhöz, és csökkentse a hőt alacsonyra. . Addig keverjük, amíg a tojás meg nem fő, körülbelül 3-4 percig.

9. Minden tortilla tetejére tegyen salsát, fekete bab keveréket, rántottát, paradicsomot és avokádót.

10. Burritóba tekerjük és tálaljuk.

# 43. Zöld chilis csirke enchiladas

Főzési idő: 30 perc

Adagok: 4

## ÖSSZETEVŐK

260 g masa harina tortillához

250 ml forró víz

2 evőkanál víz, szobahőmérsékleten

12 oz csont nélküli, bőr nélküli csirkemell, főtt

1/2 csésze könnyű cheddar sajtleves

1 1/4 csésze könnyű tejszínes csirkeleves

1/4 csésze zöld chili, apróra vágva

9 fehér kukorica tortilla

3/4 csésze csökkentett zsírtartalmú mozzarella sajt, felaprítva

## ÚTVONALAK

1 Keverje össze a masa harinát és a forró vizet egy tálban. Lefedjük és kb 30 percig pihentetjük.

2.A tésztát szobahőmérsékletű víz hozzáadásával összegyúrjuk. Addig gyúrjuk, amíg sima tésztát nem kapunk.

3.Bélelje ki a tortillaprés mindkét oldalát sütőpapírral vagy Ziploc zacskókkal. A tésztából golyókat formálunk, egyenként a tortillanyomóba tesszük. Nyomja meg a tortillák formázásához.

4.Melegítsen elő egy öntöttvasat közepes lángon. Egyenként hozzáadjuk a tortillákat, és oldalanként kb. 15-20 másodpercig sütjük.

5.Melegítse elő a sütőt 176°C-ra. Készítsen elő egy tepsit, és vonja be főzőspray-vel.

6. Keverje össze a csirkét, a leveseket, a chilit, a sót és a borsot egy tálban.

7. A tepsibe rétegezzük a tortillákat, a csirkemeveréket és a sajtot.

8.30 percig sütjük és tálaljuk.

# 44. Mexikói tortilla leves

Főzési idő: 30 perc

Adagok: 6

## ÖSSZETEVŐK

260 g masa harina tortillához

250 ml forró víz

2 evőkanál víz, szobahőmérsékleten

2 doboz (egyenként 396 g) zsírmentes, kevesebb nátriumot tartalmazó csirkehúsleves

1 doboz (396 g) kockára vágott paradicsom, lecsepegve

340 g csirkemell, bőr nélkül, csont nélkül, kockára vágva

2 teáskanál olívaolaj

1 hagyma, apróra vágva

1 kaliforniai paprika, apróra vágva

2 gerezd fokhagyma, darálva

3/4 teáskanál őrölt kömény

3/4 teáskanál chili por

50 g friss koriander apróra vágva

64 g csökkentett zsírtartalmú mexikói keverék sajt, aprítva

1 lime, szeletekre vágva

Só, bors, ízlés szerint

## ÚTVONALAK

1 Keverje össze a masa harinát és a forró vizet egy tálban. Lefedjük és kb 30 percig pihentetjük.

2.A tésztát szobahőmérsékletű víz hozzáadásával összegyúrjuk. Addig gyúrjuk, amíg sima tésztát nem kapunk.

3.Bélelje ki a tortillaprés mindkét oldalát sütőpapírral vagy Ziploc zacskókkal. A tésztából golyókat formálunk, egyenként a tortillanyomóba tesszük. Nyomja meg a tortillák formázásához.

4.Melegítsen elő egy öntöttvasat közepes lángon. Egyenként hozzáadjuk a tortillákat, és oldalanként kb. 15-20 másodpercig sütjük.

5.A sütőt 200 C-ra előmelegítjük. A tortillákat csíkokra vágjuk és a tepsire terítjük. 15 percig sütjük.

6.Egy lábosban közepes lángon melegítsen elő olajat. Adjuk hozzá a csirkét, és főzzük körülbelül 3-4 percig. Tegyük át egy tányérra.

7. Adjunk hozzá hagymát, kaliforniai paprikát és fokhagymát az edényhez, és főzzük 5 percig. . Adjuk hozzá a chiliport, a köményt, a sót, a borsot, a paradicsomot és a húslevest, majd jól keverjük össze.

8. Mindent felforralunk. Csökkentse a hőt alacsonyra, és főzze körülbelül 5 percig.

9. Adjuk hozzá a csirkét, és főzzük 3 percig. Tortillával, sajttal és lime-mal megkenve tálaljuk.

## 45. Ceviche de Camarón

Főzési idő: 15 perc

Adagok: 6

## ÖSSZETEVŐK

450 g univerzális liszt

64 g vöröshagyma apróra vágva

3 evőkanál hideg zöldségleves

1 serrano chile, darálva

64 g koriander apróra vágva

1 teáskanál só

1 avokádó, meghámozva,

2 teáskanál sütőpor

375 ml víz

130 g paradicsom kockára vágva

450 g közepes garnélarák, meghámozva és kivágva

2 evőkanál extra szűz olívaolaj

125 ml limelé

Só ízlés szerint

125 ml citromlé

## ÚTVONALAK

1. Egy tálban összekeverjük a lisztet, a sót, a sütőport és a zöldséglevest. Keverjük jól össze a kezünkkel, amíg minden el nem keveredik.

2.Lassan hozzáöntjük a vizet, és kézzel összegyúrjuk a tésztát. A lisztnek fel kell szívnia a folyadékot, sima tésztát kell kapnia.

3.A tésztából golyókat formázunk, egyenként a tortillanyomóba tesszük. Nyomja meg a tortillák formázásához.

4.Melegítsen elő egy öntöttvas serpenyőt közepes lángon. Egyenként hozzáadjuk a tortillákat, és oldalanként 30-40 másodpercig sütjük.

5. Adjunk hozzá körülbelül 2 l vizet egy edénybe, és forraljuk fel. Ízesítsük sóval és adjunk hozzá garnélarákot, főzzük körülbelül 3 percig. Lecsepegtetjük és szárítjuk.

6. Vágja fel a garnélarákot, és keverje össze lime levével, citromlével, chilivel és lilahagymával. Fedjük le és tegyük hűtőbe körülbelül 1 órára.

7. Keverje össze az avokádót, a paradicsomot, a koriandert és az olajat egy tálban. Ízesítsük sóval.

8. Minden tortilla tetejére avokádó keveréket és garnélarák keveréket teszünk. Szolgál.

## 46. Huevos Rancheros

Főzési idő: 25 perc

Adagok: 4

## ÖSSZETEVŐK

450 g univerzális liszt

1 jalapeno paprika, apróra vágva

3 evőkanál hideg zöldségleves

140 g chorizo, bélelve, felkockázva

1 teáskanál só

Olaj, főzéshez

2 teáskanál sütőpor

1 doboz (450 g) sült bab

375 ml víz

4 tojás

1 konzerv (425 g) egész hámozott paradicsom, ki nem csöpögtetve meghámozva és felkockázva

1 avokádó kimagozva,

32 g koriander apróra vágva

85 g queso freskó, morzsolva

32 g sárgahagyma apróra vágva

1/2 teáskanál só

1 gerezd fokhagyma, meghámozva és összetörve

## ÚTVONALAK

1. Egy tálban összekeverjük a lisztet, a sót, a sütőport és a zöldséglevesett. Keverjük jól össze a kezünkkel, amíg minden el nem keveredik.

2.Lassan hozzáöntjük a vizet, és kézzel összegyúrjuk a tésztát. A lisztnek fel kell szívnia a folyadékot, sima tésztát kell kapnia.

3.A tésztából golyókat formázunk, egyenként a tortillanyomóba tesszük. Nyomja meg a tortillák formázásához.

4.Melegítsen elő egy öntöttvas serpenyőt közepes lángon. Egyenként hozzáadjuk a tortillákat, és oldalanként 30-40 másodpercig sütjük.

5 Adjuk hozzá a paradicsomot, a hagymát, a koriandert, a fokhagymát, a jalapenót és a sót, és keverjük simára. Öntsük a serpenyőbe, és helyezzük közepes lángra. Kb. 10 percig főzzük.

6 Főzzük a chorizót egy külön serpenyőben barnára. Adjuk hozzá a babot és főzzük 1-2 percig.

7. A keveréket rákenjük a tortillára. A tojásokat felütjük a serpenyőbe, és megszilárdulásig főzzük. Adjuk a tortilla tetejére.

8. Tálaljuk szósszal, avokádóval, sajttal és korianderrel.

## 47. Migas

Főzési idő: 25 perc

Adagok: 4

## ÖSSZETEVŐK

450 g univerzális liszt

3 evőkanál hideg zöldségleves

1 teáskanál só

2 teáskanál sütőpor

375 ml víz

4 tojás, felvert

Olaj

Só, bors, ízlés szerint

## ÚTVONALAK

1. Egy tálban összekeverjük a lisztet, a sót, a sütőport és a zöldséglevest. Keverjük jól össze a kezünkkel, amíg minden el nem keveredik.

2.Lassan hozzáöntjük a vizet, és kézzel összegyúrjuk a tésztát. A lisztnek fel kell szívnia a folyadékot, sima tésztát kell kapnia.

3.A tésztából golyókat formázunk, egyenként a tortillanyomóba tesszük. Nyomja meg a tortillák formázásához.

4.Melegítsen elő egy öntöttvas serpenyőt közepes lángon. Egyenként hozzáadjuk a tortillákat, és oldalanként 30-40 másodpercig sütjük.

5.A sütőt 200 C-ra előmelegítjük. A tortillákat csíkokra vágjuk és a tepsire terítjük. 15 percig sütjük.

6.Előmelegítsen olajat egy serpenyőben közepes lángon. Adjuk hozzá a tortilla csíkokat és keverjük 1-2 percig.

7. Adjuk hozzá a tojásokat, sózzuk és borsozzuk, és gyakran kevergetve főzzük, amíg a tojás meg nem fő. Szolgál.

## 48. Desszert Nachos

Főzési idő: 10 perc

Adagok: 8

ÖSSZETEVŐK

450 g univerzális liszt

1 evőkanál fahéj

3 evőkanál hideg zöldségleves

250 ml karamell szósz

170 g csokireszelék

1 teáskanál só

170 g fehér csokoládé, reszelve

2 teáskanál sütőpor

125 ml tejszín

375 ml víz

128 g pekándió apróra vágva

32 g cukor

ÚTVONALAK

1. Egy tálban összekeverjük a lisztet, a sót, a sütőport és a zöldséglevest. Keverjük jól össze a kezünkkel, amíg minden el nem keveredik.

2.Lassan hozzáöntjük a vizet, és kézzel összegyúrjuk a tésztát. A lisztnek fel kell szívnia a folyadékot, sima tésztát kell kapnia.

3.A tésztából golyókat formázunk, egyenként a tortillanyomóba tesszük. Nyomja meg a tortillák formázásához.

4.Melegítsen elő egy öntöttvas serpenyőt közepes lángon. Egyenként hozzáadjuk a tortillákat, és oldalanként 30-40 másodpercig sütjük. Minden tortillát szeletekre vágunk.

5.Egy tálban összekeverjük a fahéjat és a cukrot. Mártsunk bele minden tortillát a keverékbe, és vonjuk be minden oldalról.

6. Helyezze a tortillákat az eldobható alumínium serpenyőbe. Adjuk hozzá a csokoládédarabkákat és a karamellszószt, majd szórjuk meg pekándióval és csokoládéval.

7. Helyezze a serpenyőbe, és helyezze a grillre, melegítse elő közepesre. Körülbelül 3-4 percig főzzük. Szolgál.

## 49. Csirke taco saláta tortilla csíkokkal

Főzési idő: 20 perc

Adagok: 8

## ÖSSZETEVŐK

450 g univerzális liszt

2 kaliforniai paprika, szeletelve

3 evőkanál hideg zöldségleves

1/2 vöröshagyma, szeletelve

Zöld saláta levelek

1 teáskanál só

**AZ ÖLTÖZÉSHEZ:**

2 teáskanál sütőpor

1 avokádó

375 ml víz

82 ml olívaolaj

675 g csirkemell, szeletelve

82 ml almaecet

1 evőkanál olívaolaj

65 ml víz

1 csomag taco fűszerezés

2 evőkanál friss koriander

82 ml víz

Só, bors, ízlés szerint

128 g csemegekukorica

ÚTVONALAK

1. Egy tálban összekeverjük a lisztet, a sót, a sütőport és a zöldséglevest. Keverjük jól össze a kezünkkel, amíg minden el nem keveredik.

2.Lassan hozzáöntjük a vizet, és kézzel összegyúrjuk a tésztát. A lisztnek fel kell szívnia a folyadékot, sima tésztát kell kapnia.

3.A tésztából golyókat formázunk, egyenként a tortillanyomóba tesszük. Nyomja meg a tortillák formázásához.

8.Melegítsen elő egy öntöttvas serpenyőt közepes lángon. Egyenként hozzáadjuk a tortillákat, és oldalanként 30-40 másodpercig sütjük.

4.Melegítse elő a sütőt 200 C-ra. Vágja csíkokra a tortillákat és terítse a tepsire. 15 percig sütjük.

5. Az öntet összes hozzávalóját tedd turmixgépbe, és pirítsd simára.

6.A saláta összes hozzávalóját összekeverjük egy tálban, a tetejére tortilla csíkokat és öntettel tálaljuk.

# 50. Fekete Hummus pakolás

Főzési idő: 15 perc

Adagok: 4

## ÖSSZETEVŐK

450 g univerzális liszt

1 kaliforniai paprika, apróra vágva

3 evőkanál hideg zöldségleves

113 g gomba szeletelve

128 g friss spenót

1 teáskanál só

1 evőkanál olívaolaj

2 teáskanál sütőpor

64 g kukorica, leöblítve és lecsepegtetve

375 ml víz

½ doboz fekete bab, leöblítve és lecsepegtetve

130 g humusz

½ avokádó, apróra vágva

1 pörkölt poblano

1 hagyma, apróra vágott paprika, apróra vágva

ÚTVONALAK

1. Egy tálban összekeverjük a lisztet, a sót, a sütőport és a zöldséglevest. Keverjük jól össze a kezünkkel, amíg minden el nem keveredik.

2.Lassan hozzáöntjük a vizet, és kézzel összegyúrjuk a tésztát. A lisztnek fel kell szívnia a folyadékot, sima tésztát kell kapnia.

3.A tésztából golyókat formázunk, egyenként a tortillanyomóba tesszük. Nyomja meg a tortillák formázásához.

4.Melegítsen elő egy öntöttvas serpenyőt közepes lángon. Egyenként hozzáadjuk a tortillákat, és oldalanként 30-40 másodpercig sütjük.

5.Melegítse elő a sütőt 220 C fokra. Készítsen elő egy tepsit és bélelje ki sütőpapírral.

6.Előmelegítsen olajat egy serpenyőben közepes lángon. Adjuk hozzá a hagymát és főzzük körülbelül 2-3 percig.

7. Adjuk hozzá a gombát és a kukoricát, és főzzük még kb. 2 percig.

8. Minden tortilla tetejére szórjuk a hummust. A tetejére tegyük zöldségkeveréket, avokádót, spenótot, babot és poblano paprikát.

9. Tekerje csomagolóanyagba, és helyezze a tepsire. 8-10 percig sütjük.

# 51. Vegán tacos

Főzési idő: 15 perc

Adagok: 6

## ÖSSZETEVŐK

260 g masa harina tortillához

250 ml forró víz

2 evőkanál víz, szobahőmérsékleten

## ÚTVONALAK

1.Egy tálban összekeverjük a masa harinát és a forró vizet. Lefedjük és kb 30 percig pihentetjük.

2.A tésztát szobahőmérsékletű víz hozzáadásával összegyúrjuk. Addig gyúrjuk, amíg sima tésztát nem kapunk.

3.Bélelje ki a tortillaprés mindkét oldalát sütőpapírral vagy Ziploc zacskókkal. A tésztából golyókat formálunk, egyenként a tortillanyomóba tesszük. Nyomja meg a tortillák formázásához.

4.Melegítsen elő egy öntöttvasat közepes lángon. Egyenként hozzáadjuk a tortillákat, és oldalanként kb. 15-20 másodpercig sütjük.

5.Előmelegítsen olajat egy serpenyőben közepes lángon. Adjuk hozzá a hagymát és a jalapenót, és főzzük körülbelül 5 percig.

6. Adja hozzá a babot a folyadékkal egy serpenyőbe, és főzze körülbelül 2-3 percig közepes lángon, gyakran kevergetve.

7. Minden tortilla tetejére terítsd a babot, adj hozzá chorizót és adj hozzá hagymás jalapeno keveréket. A tetején koriánderrel tálaljuk.

# 52. Édesburgonyás avokádó és feketebab taco

Főzési idő: 25 perc

Adagok: 6

## ÖSSZETEVŐK

260 g masa harina tortillához

250 ml forró víz

2 evőkanál vizet

790 g édesburgonya, meghámozva és kockákra vágva

1 evőkanál olívaolaj

1 teáskanál chili por

1 doboz (400 g) sómentes feketebab, leöblítve és lecsepegtetve

125 ml salsa verde

1 avokádó, vékonyra szeletelve

32 g feta sajt, morzsolva

Apróra vágott koriander, tálaláshoz

## ÚTVONALAK

1. Keverje össze a masa harinát és a forró vizet egy tálban. Lefedjük és kb 30 percig pihentetjük.

2.A tésztát szobahőmérsékletű víz hozzáadásával összegyúrjuk. Addig gyúrjuk, amíg sima tésztát nem kapunk.

3.Bélelje ki a tortillaprés mindkét oldalát sütőpapírral vagy Ziploc zacskókkal. A tésztából golyókat formálunk, egyenként a tortillanyomóba tesszük. Nyomja meg a tortillák formázásához.

4.Melegítsen elő egy öntöttvasat közepes lángon. Egyenként hozzáadjuk a tortillákat, és oldalanként kb. 15-20 másodpercig sütjük.

5.Melegítsük elő a sütőt 220 C-ra.

6. Dobd fel az édesburgonyát olívaolajjal, chiliporral és sóval. . Helyezze a burgonyát egy tepsire, és süsse 30 percig.

7. Keverje össze a fekete babot salsa verdével egy serpenyőben. Közepes lángon 3-4 percig főzzük, gyakran kevergetve.

8. Serve burgonya, bab avokádó tetején tortilla, tetején feta és koriander.

## 53. Szalonna, tojás és gombás burritók

Főzési idő: 25 perc

Adagok: 6

## ÖSSZETEVŐK

450 g univerzális liszt

12 tojás, felvert

3 evőkanál hideg zöldségleves

6 szelet bacon, főzve

1 evőkanál olaj

1 teáskanál só

113 g gomba, szeletelve

2 teáskanál sütőpor

113 g rukkola

375 ml víz

Só, bors, ízlés szerint

## ÚTVONALAK

1. Egy tálban összekeverjük a lisztet, a sót, a sütőport és a zöldséglevesét. Keverjük jól össze a kezünkkel, amíg minden el nem keveredik.

2.Lassan hozzáöntjük a vizet, és kézzel összegyúrjuk a tésztát. A lisztnek fel kell szívnia a folyadékot, sima tésztát kell kapnia.

3.A tésztából golyókat formázunk, egyenként a tortillanyomóba tesszük. Nyomja meg a tortillák formázásához.

4.Melegítsen elő egy öntöttvas serpenyőt közepes lángon. Egyenként hozzáadjuk a tortillákat, és oldalanként 30-40 másodpercig sütjük.

5.Előmelegítsen olajat egy serpenyőben közepes lángon. Adjuk hozzá a gombát és főzzük körülbelül 2 percig. Adjuk hozzá a rukkolát, és főzzük még körülbelül 1 percig.

6. A tojásokat a serpenyőbe öntjük, sózzuk és borsozzuk. Főzzük, amíg meg nem áll, gyakran kevergetve.

7. Oszd el a tojáskeveréket a tortillák között, és tegyél rá bacont. Burritókba hajtjuk és tálaljuk.

# 54. Bacon és tojás Quesadillas

Főzési idő: 25 perc

Adagok: 4

## ÖSSZETEVŐK

450 g univerzális liszt

3 evőkanál hideg zöldségleves

1 teáskanál só

2 teáskanál sütőpor

375 ml víz

8 tojás, felvert

4 szelet bacon, főzve, apróra vágva

128 g Cheddar sajt, reszelve

32 g zöldhagyma apróra vágva

Só, bors, ízlés szerint

## ÚTVONALAK

1. Egy tálban összekeverjük a lisztet, a sót, a sütőport és a zöldséglevest. Keverjük jól össze a kezünkkel, amíg minden el nem keveredik.

2.Lassan hozzáöntjük a vizet, és kézzel összegyúrjuk a tésztát. A lisztnek fel kell szívnia a folyadékot, sima tésztát kell kapnia.

3.A tésztából golyókat formázunk, egyenként a tortillanyomóba tesszük. Nyomja meg a tortillák formázásához.

4.Melegítsen elő egy öntöttvas serpenyőt közepes lángon. Egyenként hozzáadjuk a tortillákat, és oldalanként 30-40 másodpercig sütjük.

5. Minden tortilla tetejére tegyen sajtot, hagymát és szalonnás keveréket. Melegíts elő egy tapadásmentes serpenyőt közepes lángon.

6. Adja hozzá a tojásos keveréket a serpenyőhöz, és gyakran keverje meg, amíg meg nem áll. Minden tortillára kanalazzuk a tojásos keveréket, majd ráhajtjuk.

7. A quesadillákat serpenyőben pirítjuk, és tálaljuk.

## 55. Teljes kiőrlésű tortilla

Főzési idő: 15 perc

Adagok: 12

## ÖSSZETEVŐK

256 g teljes kiőrlésű kenyérliszt

64 g univerzális liszt

1 teáskanál sütőpor

1 teáskanál só

64 g rövidítés

65 ml forrásban lévő víz

## ÚTVONALAK

1.Egy tálban összekeverjük a lisztet, a sót és a sütőport. Adjuk hozzá a zsiradékot, alaposan keverjük össze a kezünkkel, amíg minden el nem keveredik.

2.Lassan hozzáöntjük a vizet, és kézzel összegyúrjuk a tésztát. A lisztnek fel kell szívnia a folyadékot, sima tésztát kell kapnia.

3.A tésztából golyókat formázunk, egyenként a tortillanyomóba tesszük. Nyomja meg a tortillák formázásához.

4.Melegítsen elő egy öntöttvas serpenyőt közepes lángon. Egyenként hozzáadjuk a tortillákat, és oldalanként 30-40 másodpercig sütjük.

# 56. Tonhal, alma és avokádó pakolás

Főzési idő: 20 perc

Adagok: 6

## ÖSSZETEVŐK

256 g teljes kiőrlésű kenyérliszt

1 alma, apróra vágva

64 g univerzális liszt

2 teáskanál citromlé

1 teáskanál sütőpor

2 evőkanál frissen

1 teáskanál só

petrezselyem, apróra vágva

64 g rövidítés

2 teáskanál olívaolaj

65 ml forrásban lévő víz

½ teáskanál kömény

280 g tonhal, leöblítve és lecsepegtetve

1 avokádó, vékonyra szeletelve

250 g lazán csomagolt rukkola

## ÚTVONALAK

1.Egy tálban összekeverjük a lisztet, a sót és a sütőport. Adjuk hozzá a zsiradékot, alaposan keverjük össze a kezünkkel, amíg minden el nem keveredik.

2.Lassan hozzáöntjük a vizet, és kézzel összegyúrjuk a tésztát. A lisztnek fel kell szívnia a folyadékot, sima tésztát kell kapnia.

3.A tésztából golyókat formázunk, egyenként a tortillanyomóba tesszük. Nyomja meg a tortillák formázásához.

4.Melegítsen elő egy öntöttvas serpenyőt közepes lángon. Egyenként hozzáadjuk a tortillákat, és oldalanként 30-40 másodpercig sütjük.

5.Csattogtassuk meg az almát citromlével és csomagoljuk műanyag fóliába, tegyük hűtőbe legalább 20 percre.

6. Keverjük össze az almát, a tonhalat, a petrezselymet, az olajat és a köményt. Sózzuk, borsozzuk.

7.Add hozzá a rukkolát, és jól keverd össze a bevonattal. A tortilla tetejére avokádószeleteket teszünk, a tetejére rukkola salátát és tonhalat teszünk. Szorosan feltekerjük és tálaljuk.

# 57. Spenótos pulyka pakolások

Főzési idő: 20 perc

Adagok: 4

## ÖSSZETEVŐK

225 g univerzális liszt

64 g metélőhagyma és hagyma

1 1/2 evőkanál hideg zöldségleves

krémsajt, reszelve

1/2 teáskanál fokhagyma por

1/2 teáskanál só

200 g Monterey Jack

1 teáskanál sütőpor

190 ml víz

192 g édes pirospaprika, szeletelve

280 g deli pulyka, vékonyra szeletelve

64 g zöldhagyma apróra vágva

200 g friss spenót

4 evőkanál ranch salátaöntet

## ÚTVONALAK

1.Egy tálban összekeverjük a lisztet, a sót és a sütőport. Adjuk hozzá a zsiradékot, alaposan keverjük össze a kezünkkel, amíg minden el nem keveredik.

2.Lassan hozzáöntjük a vizet, és kézzel összegyúrjuk a tésztát. A lisztnek fel kell szívnia a folyadékot, sima tésztát kell kapnia.

3.A tésztából golyókat formázunk, egyenként a tortillanyomóba tesszük. Nyomja meg a tortillák formázásához.

4.Melegítsen elő egy öntöttvas serpenyőt közepes lángon. Egyenként hozzáadjuk a tortillákat, és oldalanként 30-40 másodpercig sütjük.

5. Minden tortillára kenjük a krémsajtot. Megszórjuk fokhagymaporral.

6. Adja hozzá a spenótot, a pulykát, a sajtot, a pirospaprikát és a hagymát. . Adjuk hozzá a maradék spenótot.

7. Meglocsoljuk az öntettel, és szorosan feltekerjük a tortillákat tekercsben. A tekercseket műanyag fóliába csomagoljuk, és tálalásig hűtőbe tesszük.

# 58. Sonkás sajtos tortilla pakolások

Főzési idő: 15 perc

Adagok: 4

## ÖSSZETEVŐK

225 g univerzális liszt

4 evőkanál tejföl

1 1/2 evőkanál hideg

4 evőkanál apróra vágott olajbogyó

zöldség rövidítés

2 evőkanál zöld chili, lecsepegtetve, apróra vágva

1/2 teáskanál só

1 teáskanál sütőpor

2 evőkanál zöldhagyma, apróra vágva

190 ml víz

256 g főtt sonka apróra vágva

Só ízlés szerint

225 g krémsajt, lágyítva

ÚTVONALAK

1.Egy tálban összekeverjük a lisztet, a sót és a sütőport. Adjuk hozzá a zsiradékot, alaposan keverjük össze a kezünkkel, amíg minden el nem keveredik.

2.Lassan hozzáöntjük a vizet, és kézzel összegyúrjuk a tésztát. A lisztnek fel kell szívnia a folyadékot, sima tésztát kell kapnia.

3.A tésztából golyókat formázunk, egyenként a tortillanyomóba tesszük. Nyomja meg a tortillák formázásához.

4.Melegítsen elő egy öntöttvas serpenyőt közepes lángon. Egyenként hozzáadjuk a tortillákat, és oldalanként 30-40 másodpercig sütjük.

5. Keverje össze a krémsajtot, a tejfölt és a cheddar sajtot egy tálban, és jól keverje össze.

6. Adjunk hozzá sonkát, olajbogyót, zöld chilit, zöldhagymát, fokhagymaport és sót.

7. Kenje meg a keveréket minden tortilla tetejére, és tekerje fel pakolásokba. . 1-2 órára hűtőbe tesszük.

8. Szeletelje fel a pakolásokat falatnyi darabokra, és tálalja.

## 59. Avokádó, fekete bab és feta pakolások

Főzési idő: 30 perc

Adagok: 8

## ÖSSZETEVŐK

450 g univerzális liszt

3 evőkanál hideg zöldségleves

1 teáskanál só

2 teáskanál sütőpor

375 ml víz

128 g quinoa

500 ml csésze víz + 65 ml

1 avokádó, meghámozva, kimagozva, felkockázva

1 doboz fekete bab, lecsepegtetve és leöblítve

4 evőkanál feta sajt, morzsolva

4 evőkanál Monterey jack sajt, reszelve

42 g tahini

$\frac{1}{4}$ teáskanál kömény

1 teáskanál apróra vágott koriander

2 evőkanál citromlé

Só ízlés szerint

## ÚTVONALAK

1.Egy tálban összekeverjük a lisztet, a sót és a sütőport. Adjuk hozzá a zsiradékot, alaposan keverjük össze a kezünkkel, amíg minden el nem keveredik.

2.Lassan hozzáöntjük a vizet, és kézzel összegyúrjuk a tésztát. A lisztnek fel kell szívnia a folyadékot, sima tésztát kell kapnia.

3.A tésztából golyókat formázunk, egyenként a tortillanyomóba tesszük. Nyomja meg a tortillák formázásához.

4.Melegítsen elő egy öntöttvas serpenyőt közepes lángon. Egyenként hozzáadjuk a tortillákat, és oldalanként 30-40 másodpercig sütjük.

5. Adja hozzá az avokádót, a tahinit, a köményt, a koriandert, a sót és a citromlevet egy turmixgépbe vagy egy konyhai robotgépbe, és pörgesse simára.

6. Adjon hozzá 65 ml vizet, és keverje össze még egyszer.

7. Adjon hozzá 500 ml vizet és quinoát egy serpenyőbe, és forralja fel. Csökkentse a hőt alacsonyra, fedje le a serpenyőt, és főzze a quinoát 10-15 percig.

8. Minden tortillára terítsd az avokádómártást, tegyél rá babot és quinoát, szórd meg sóval, adj hozzá Fetát és Monterey jack sajtot és csomagold be. Ismételje meg az összes tortillánál, és tálalja.

# 60. Taco Hobo csomagok

Főzési idő: 30 perc

Adagok: 6

## ÖSSZETEVŐK

260 g masa harina tortillához

2 evőkanál olívaolaj

250 ml forró víz

1 kis vöröshagyma, vékonyra szeletelve

2 evőkanál vizet

1 1/2 teáskanál só

1/2 teáskanál őrölt fekete bors

1 cukkini félbe vágva és felszeletelve

6 evőkanál paradicsom salsa

6 tojás

2 kaliforniai paprika, meghámozva, kimagozva, vékonyra szeletelve

1 doboz (400 ml) fekete bab, lecsepegtetve, leöblítve

128 g kiolvasztott fagyasztott kukorica

ÚTVONALAK:

1.Egy tálban összekeverjük a masa harinát és a forró vizet. Lefedjük és kb 30 percig pihentetjük.

2.A tésztát szobahőmérsékletű víz hozzáadásával összegyúrjuk. Addig gyúrjuk, amíg sima tésztát nem kapunk.

3.Bélelje ki a tortillaprés mindkét oldalát sütőpapírral vagy Ziploc zacskókkal. A tésztából golyókat formálunk, egyenként a tortillanyomóba tesszük. Nyomja meg a tortillák formázásához.

4.Melegítsen elő egy öntöttvasat közepes lángon. Egyenként hozzáadjuk a tortillákat, és oldalanként kb. 15-20 másodpercig sütjük.

5. Vágjon ki 12 darab fóliát, 2 darabot egymásra rakva, így 6 köteg lesz. Vágjon ki egyforma méretű sütőpapírból, és tegye rá minden fóliaköteg tetejére.

6. Keverje össze a babot, a kukoricát, a cukkinit, a hagymát, az olajat, a borsot és a sót egy tálban, és ossza el egyenletesen a halmok között. Zárja be az egyes csomagokat, és hajtsa össze a lezáráshoz.

7. A sütőt 220 C-ra előmelegítjük, tepsire rakjuk, és kb. 15 percig sütjük.

8. Csomagolja be a tortillákat fóliába, és süsse 8 percig. Ha megsült, vegye ki a kötegeket a sütőből, helyezze sima felületre, és kissé hajtsa ki.

9. Minden kötegbe ütj fel egy tojást (ne a tortillába), és adj hozzá borsot és sót. Ismét összehajtjuk, és a sütőben 5 percig sütjük.

10. Miután megsült, vegye ki a sütőből, és tálalja mindegyik forró köteget 2 meleg tortillával.

## 61. Aprított marhahús flautas

Főzési idő: 45 perc

Adagok: 6

ÖSSZETEVŐK:

450 g univerzális liszt

5 evőkanál növényi olaj

3 evőkanál hideg zöldségleves

120 ml paradicsomszósz

2 hagyma, felaprítva, felosztva

1 teáskanál só

3 gerezd fokhagyma apróra vágva, három részre osztva

2 teáskanál sütőpor

375 ml víz

1 teáskanál só, osztva

0,9 kg csontmentes marhatömb, kockára vágva

1 friss jalapeno chili, kimagozva, apróra vágva

364 g jégsaláta, felaprítva

2 evőkanál olívaolaj

¾ teáskanál őrölt kömény

ÚTVONALAK:

1. Egy tálban összekeverjük a lisztet, a sót, a sütőport és a zöldséglevest. Keverjük jól össze a kezünkkel, amíg minden el nem keveredik.

2.Lassan hozzáöntjük a vizet, és kézzel összegyúrjuk a tésztát. A lisztnek fel kell szívnia a folyadékot, sima tésztát kell kapnia.

3.A tésztából golyókat formázunk, egyenként a tortillanyomóba tesszük. Nyomja meg a tortillák formázásához.

4.Melegítsen elő egy öntöttvasat közepes lángon. Egyenként hozzáadjuk a tortillákat, és oldalanként 30-40 másodpercig sütjük.

5. Tegyen egy serpenyőbe marhahúst, 1 adag hagymát és fokhagymát, sót, öntsön vizet és forralja fel. Enyhén lefedve hagyjuk a serpenyőt, és addig főzzük, amíg a hús megpuhul.

6. Ha megfőtt, hagyjuk egy kicsit hűlni, majd csepegtessük le, megtakarítva a húsleves 1/3 csésze részét. A húst villával felaprítjuk.

7.Egy serpenyőben közepes-alacsony lángon hevíts olívaolajat. Adjuk hozzá a maradék fokhagymát, hagymát, és főzzük 3 percig.

8. Adja hozzá a marhahúst, a paradicsomszószt, a levest, a köményt, a borsot, a sót, a chilit, és forralja 5 percig, ritkán keverve. Ha megsült, vegyük le a tűzről és hagyjuk kihűlni.

9. Vegyük ki a tortillákat egyenként, és tegyünk a közepébe 2 lekerekített evőkanál tölteléket, tekerjük fel, hogy ellepje, rögzítsük a végeit fapálcákkal, és fedjük le a tortillákat műanyag fóliával.

10.Egy serpenyőben közepes-magas lángon felhevítjük a növényi olajat. A tortillákat adagonként 2 percig sütjük, gyakran forgatva. Sütéskor papírtörlőbe tesszük őket.

11. Oszd el a salátát 6 tányérra, és tálalj mindegyiken 2 tortillát.

# 62. Fajitas steak káposztával és mogyoróhagymával

Főzési idő: 30 perc

Adagok: 8

ÖSSZETEVŐK:

450 g univerzális liszt

1 teáskanál hagymapor

3 evőkanál hideg zöldségleves

1 teáskanál só

1/2 közepes zöld káposzta fej, apróra vágva

1 teáskanál só

2 teáskanál sütőpor

3 evőkanál friss limelé

375 ml víz

6 evőkanál olívaolaj, osztva

0,9 kg-os szoknyasteak, vágva

1 csokor mogyoróhagyma, 4 részre vágva

1 nagy fehér hagyma apróra vágva, félbevágva

60 ml olívaolaj

60 ml friss limelé

1/4 kis vöröshagyma, apróra vágva

2 evőkanál apróra vágott friss koriander

1 evőkanál apróra vágott koriander

4 gerezd fokhagyma, meghámozva

frissen őrölt bors és só ízlés szerint

3 evőkanál füstölt spanyolpaprika

1 evőkanál őrölt kömény

ÚTVONALAK:

1. Egy tálban összekeverjük a lisztet, a sót, a sütőport és a zöldséglevest. Keverjük jól össze a kezünkkel, amíg minden el nem keveredik.

2.Lassan hozzáöntjük a vizet, és kézzel összegyúrjuk a tésztát. A lisztnek fel kell szívnia a folyadékot, sima tésztát kell kapnia.

3.A tésztából golyókat formázunk, egyenként a tortillanyomóba tesszük. Nyomja meg a tortillák formázásához.

4.Melegítsen elő egy öntöttvasat közepes lángon. Egyenként hozzáadjuk a tortillákat, és oldalanként 30-40 másodpercig sütjük.

5. Keverje össze a lime levét, a fokhagymát, az olajat, a koriandert, a paprikát, a sót, a hagymaport és a köményt egy

turmixgépben. Miután összekeverted, tedd visszazárható műanyag zacskóba.

6. Tedd a steaket egy páczacskóba, zárd le és tedd a hűtőbe legalább 4 órára (jobb ízű, ha egy éjszakán át hűtjük).

7. Hevíts fel 4 evőkanál olajat egy grillserpenyőben közepesen magas lángon.

8. Adjunk hozzá 1/2 apróra vágott káposztát, mogyoróhagymát, 1/2 fehér hagymát, borsot, sót, és főzzük körülbelül 12 percig, időnként megkeverve.. Ha megsült, vedd le a tűzről, hogy kicsit hűljön, ha kész.

9. Keverje össze a maradék káposztát, a mogyoróhagymát, a fehér, lilahagymát egy nagy tálban, majd adjon hozzá koriandert, lime levét, 2 evőkanál olajat, borsot és sót.

10 Vegyük ki a steaket a pácból, rázzuk le a felesleges pácot, borsozzuk és sózzuk. Dobja el a pácot. Grill steaket körülbelül 3 percig mindkét oldalon.

11.Ha megsült, tedd át egy vágódeszkára, és hagyd hűlni körülbelül 7 percig, mielőtt felszeletelnéd.

12. Tálaljuk a steaket meleg tortillával és szárított chile salsával.

# 63. Fűszeres Chipotle csirke tostadas

Főzési idő: 2 óra 30 perc

Adagok: 8

ÖSSZETEVŐK:

260 g masa harina tortillához

250 ml forró víz

2 evőkanál víz, szobahőmérsékleten

0,9 kg bőrös, csontos csirkecomb

1 doboz (830 ml) egész paradicsom, lecsöpögtetve

3 konzerv chipotle chili adobo szószban

2 evőkanál adobo szósz

1 közepes fehér hagyma, felkockázva

4 gerezd fokhagyma, összetörve

csipet őrölt szegfűszeg

1/4 teáskanál őrölt fahéj

1/2 teáskanál őrölt fekete bors

1/4 teáskanál só

Jégsaláta, aprítva

fehér hagyma, vékonyra szeletelve

tejföl

queso freskó

384 g feketebab kenhető

növényi olaj

só

**ÚTVONALAK:**

1.Egy tálban összekeverjük a masa harinát és a forró vizet. Lefedjük és kb 30 percig pihentetjük.

2.A tésztát szobahőmérsékletű víz hozzáadásával összegyúrjuk. Addig gyúrjuk, amíg sima tésztát nem kapunk.

3.Bélelje ki a tortillaprés mindkét oldalát sütőpapírral vagy Ziploc zacskókkal. A tésztából golyókat formálunk, egyenként a tortillanyomóba tesszük. Nyomja meg a tortillák formázásához.

4.Melegítsen elő egy öntöttvasat közepes lángon. Egyenként hozzáadjuk a tortillákat, és oldalanként kb. 15-20 másodpercig sütjük.

5. Vegyen fel egy nagy edényt 8 csésze vízzel, és tegye közepes-alacsony lángra.

6. Adjuk hozzá a csirkét, sózzuk és forraljuk 45 percig. Ha megfőtt, leszűrjük, a csirkemellet kis kockákra vágjuk, és a csontokat kidobjuk.

7. Keverje össze a paradicsomot, az adobo szószt, a fahéjat, a szegfűszeget, a borsot és a chilit egy turmixgépben, és turmixolja készre.

8.Egy serpenyőben közepes-magas lángon felhevítünk egy kevés olajat.

9. Adjuk hozzá a hagymát, és főzzük 8 percig, ritkán keverve.

10. Adjuk hozzá a fokhagymát és főzzük 3 percig.

11.Adjuk hozzá a paradicsomos keveréket, csökkentsük a hőt, és enyhén lefedve forraljuk 30 percig.

12. Hozzáadjuk a csirkét, ritkán kevergetve főzzük kb. 10 percig, végül ízlés szerint sózzuk.

13. Öntsön 1 hüvelyk olajat egy serpenyőbe. A tortillákat adagonként 2 percig sütjük, 30 másodpercenként megforgatva.

14. Miután megsült, tegye a tortillákat papírtörlőre, hogy megszáradjon az olajtól.

15. Minden tortillán dolgozzunk úgy, hogy sima felületre helyezzük, majd kenjük meg 1 evőkanál feketebabkrémmel. . A közepére tegyünk 1/4 csésze fűszeres csirke feltétet, salátát, hagymát, tejfölt és queso frescot. . Feltekerjük és lezárjuk a végét, és már tálalható is.

# 64. Csirke pesto csomagolás

Főzési idő: 5 perc

Adagok: 4

ÖSSZETEVŐK:

450 g univerzális liszt

3 evőkanál hideg zöldségleves

1 teáskanál só

2 teáskanál sütőpor

375 ml víz

256 g főtt, kockára vágott csirke

4 evőkanál pesto

1 sárgarépa, vékonyra szeletelve

256 g friss bébispenót

1 piros kaliforniai paprika, szeletelve

ÚTVONALAK:

1. Egy tálban összekeverjük a lisztet, a sót, a sütőport és a zöldséglevest. Keverjük jól össze a kezünkkel, amíg minden el nem keveredik.

2.Lassan hozzáöntjük a vizet, és kézzel összegyúrjuk a tésztát. A lisztnek fel kell szívnia a folyadékot, sima tésztát kell kapnia.

3.A tésztából golyókat formázunk, egyenként a tortillanyomóba tesszük. Nyomja meg a tortillák formázásához.

4.Melegítsen elő egy öntöttvasat közepes lángon. Egyenként hozzáadjuk a tortillákat, és oldalanként 30-40 másodpercig sütjük.

5. Combine csirkét pestóval egy kis tálban.

6.Tedd a tortillákat sima felületre. Tegyen 1/4 spenótot, 1/4 borsot, 1/4 sárgarépát és 1/4 csirkét minden tortilla közepébe. Feltekerjük és tálaljuk.

## 65. Tortilla csirkecomb

Főzési idő: 1 óra

Adagok: 4

ÖSSZETEVŐK:

260 g masa harina tortillához

1 nagy tojás

250 ml forró víz

1 teáskanál őrölt kömény

2 evőkanál víz, szobahőmérsékleten

4 teáskanál chili por, osztva

10 csirkecomb

ÚTVONALAK:

1.Egy tálban összekeverjük a masa harinát és a forró vizet. Lefedjük és kb 30 percig pihentetjük.

2.A tésztát szobahőmérsékletű víz hozzáadásával összegyúrjuk. Addig gyúrjuk, amíg sima tésztát nem kapunk.

3.Bélelje ki a tortillaprés mindkét oldalát sütőpapírral vagy Ziploc zacskókkal. A tésztából golyókat formálunk, egyenként a tortillanyomóba tesszük. Nyomja meg a tortillák formázásához.

1.Melegítsen elő egy öntöttvasat közepes lángon. Egyenként hozzáadjuk a tortillákat, és oldalanként kb. 15-20 másodpercig sütjük.

2.Melegítsük elő a sütőt 180 C-ra és terítsük el a tortillákat a tepsiben. 15 percig sütjük. A megsült tortillákat morzsoljuk össze.

3. Keverjen össze 2 evőkanál chiliport, 1/4 teáskanál sót, köményt és tört tortillát egy tálban.

4.Ezután hozzáadjuk a tojást, a 2 teáskanál chilit és jól összekeverjük.

5. Szórja meg a csirkét 1/2 teáskanál sóval, és mártsa bele a tojásos keverékbe.. Rázzuk le a felesleget, és mártsuk bele a kevert tortillamorzsába, hogy bevonja és ragadjon. Tedd át a tepsibe.

6.A sütőt 220 C-ra előmelegítjük, és egy négyoldalú tepsit kivajazunk.. 45 percig sütjük megfordítás nélkül. Ha megsült, hagyjuk hűlni 5 percig, és tálaljuk.

## 66. Marha Crunch Wraps

Főzési idő: 20 perc

Adagok: 6

ÖSSZETEVŐK:

450 g univerzális liszt

128 g mexikói sajt, reszelve

3 evőkanál hideg zöldségleves

256 g saláta, felaprítva

1 teáskanál só

1 paradicsom, felkockázva

2 teáskanál 32 g darált koriander

sütőpor

1 lime, levében

375 ml víz

120 ml tejföl

0,5 kg darált marhahús

60 ml víz

64 g queso freskó

1 csomag taco fűszerezés

ÚTVONALAK:

1. Egy tálban összekeverjük a lisztet, a sót, a sütőport és a zöldséglevest. Keverjük jól össze a kezünkkel, amíg minden el nem keveredik.

2.Lassan hozzáöntjük a vizet, és kézzel összegyúrjuk a tésztát. A lisztnek fel kell szívnia a folyadékot, sima tésztát kell kapnia.

3.A tésztából golyókat formázunk, egyenként a tortillanyomóba tesszük. Nyomja meg a tortillák formázásához.

4.Melegítsen elő egy öntöttvasat közepes lángon. Egyenként hozzáadjuk a tortillákat, és oldalanként 30-40 másodpercig sütjük.

5.Melegítsen egy serpenyőt közepesen magas lángon 3 percig. Adjunk hozzá marhahúst, és főzzük 9 percig, gyakran kevergetve. Adjunk hozzá vizet, taco fűszereket és forraljuk 11 percig.

6. Tegye a tortillákat egy sima felületre, adjon hozzá 2 evőkanál quesót, 125 g marhahúst, 1 tostadat, kenje meg egy kis tejföllel a tostadat, adjon hozzá paradicsomot, koriandert, salátát, lime-ot és sajtot minden tortilla közepére. Tekerjük fel, és zárjuk le a végét.

7. Kenje ki a serpenyőt olajjal, és tegye közepes lángra. Tegyél egy tekercs tortillát a serpenyőbe, és süsd aranybarnára. Ugyanezt csináljuk a többi tortillával, tálaljuk.

## 67. Sült csirke tortilla

Főzési idő: 25 perc

Adagok: 6

ÖSSZETEVŐK:

450 g univerzális liszt

192 g cheddar sajt, reszelve

3 evőkanál hideg zöldségleves

85 g apróra vágott paradicsom

1 teáskanál só

240 ml palackozott salsa, osztva

2 teáskanál sütőpor

240 ml tejföl

375 ml víz

65 g apróra vágott hagyma

390 g főtt csirkemell apróra vágva

85 g apróra vágott zöldpaprika

főző spray

ÚTVONALAK:

1. Egy tálban összekeverjük a lisztet, a sót, a sütőport és a zöldséglevest. Keverjük jól össze a kezünkkel, amíg minden el nem keveredik.

2.Lassan hozzáöntjük a vizet, és kézzel összegyúrjuk a tésztát. A lisztnek fel kell szívnia a folyadékot, sima tésztát kell kapnia.

3.A tésztából golyókat formázunk, egyenként a tortillanyomóba tesszük. Nyomja meg a tortillák formázásához.

4.Melegítsen elő egy öntöttvasat közepes lángon. Egyenként hozzáadjuk a tortillákat, és oldalanként 30-40 másodpercig sütjük.

5. Keverje össze a tejfölt és a 120 ml salsát egy tálban, és egyenletesen vigye fel minden tortillára.

6.Tegyen csirkét, paradicsomot, hagymás borsot minden tortilla közepébe, majd tekerje fel és zárja le a végeit.

7. Melegítsük elő a sütőt 176 C-ra. A tepsit bevonjuk főzőpermettel, majd hozzáadjuk a tortillákat. Megkenjük a maradék salsával, és 15 percig sütjük. Megszórjuk sajttal, és még 5 percig sütjük, és tálaljuk.

## 68. Pepperoni tortilla pizzák

Főzési idő: 15 perc

Adagok: 12

## ÖSSZETEVŐK:

450 g univerzális liszt

384 g paradicsom apróra vágva

3 evőkanál hideg zöldségleves

384 g mozzarella sajt, reszelve

1 teáskanál só

128 g pepperoni apróra vágva

2 teáskanál sütőpor

1/2 teáskanál zúzott szárított oregánólevél

375 ml víz

120 ml Pace Picante szósz

1 zöldpaprika, apróra vágva

## ÚTVONALAK:

1. Egy tálban összekeverjük a lisztet, a sót, a sütőport és a zöldséglevеset. Keverjük jól össze a kezünkkel, amíg minden el nem keveredik.

2.Lassan hozzáöntjük a vizet, és kézzel összegyúrjuk a tésztát. A lisztnek fel kell szívnia a folyadékot, sima tésztát kell kapnia.

3.A tésztából golyókat formázunk, egyenként a tortillanyomóba tesszük. Nyomja meg a tortillák formázásához.

4.Melegítsen elő egy öntöttvasat közepes lángon. Egyenként hozzáadjuk a tortillákat, és oldalanként 30-40 másodpercig sütjük.

5. Combine Picante szósz, oregánó és a paradicsom egy kis tálban.

6. Tegye a tortillákat két tepsire, kenje meg 1/4 picante szósz keverékkel, sajttal, pepperonival és borssal mindegyik tortillára.

7.Melegítsük elő a sütőt 200 C-ra és süssük 9 percig, majd minden tortillát vágjunk 4 szeletre. Forrón tálaljuk.

# 69. Quesadilla salsával

Főzési idő: 10 perc

Adagok: 6

## ÖSSZETEVŐK:

450 g univerzális liszt

3 evőkanál hideg zöldségleves

1 teáskanál só

2 teáskanál sütőpor

375 ml víz

384 g Monterey Jack sajt, reszelve

180 ml darabos salsa

2 zöldhagyma, szeletelve

2 evőkanál repceolaj

## ÚTVONALAK:

1. Egy tálban összekeverjük a lisztet, a sót, a sütőport és a zöldséglevest. Keverjük jól össze a kezünkkel, amíg minden el nem keveredik.

2.Lassan hozzáöntjük a vizet, és kézzel összegyúrjuk a tésztát. A lisztnek fel kell szívnia a folyadékot, sima tésztát kell kapnia.

3.A tésztából golyókat formázunk, egyenként a tortillanyomóba tesszük. Nyomja meg a tortillák formázásához.

4.Melegítsen elő egy öntöttvasat közepes lángon. Egyenként hozzáadjuk a tortillákat, és oldalanként 30-40 másodpercig sütjük.

5. Helyezze a tortillákat sima felületre, és kenje meg a széleit vízzel.

6. Minden tortilla felére tegyünk 65 g sajtot, 1 evőkanál salsát és 2 teáskanál hagymát, majd hajtsuk össze és nyomkodjuk le.

7.Heat olajat egy serpenyőben, közepes enni. . A quesadillákat adagonként aranybarnára sütjük, majd salsával tálaljuk.

# 70. Bab és sajtos quesadilla

Főzési idő: 10 perc

Adagok: 6

## ÖSSZETEVŐK:

450 g univerzális liszt

473 g bab, sült

3 evőkanál hideg zöldségleves

120 ml Pace Picante szósz

256 g Monterey Jack sajt, reszelve

1 teáskanál só

2 teáskanál sütőpor

2 zöldhagyma, szeletelve

375 ml víz

## ÚTVONALAK:

1. Egy tálban összekeverjük a lisztet, a sót, a sütőport és a zöldséglevest. Keverjük jól össze a kezünkkel, amíg minden el nem keveredik.

2.Lassan hozzáöntjük a vizet, és kézzel összegyúrjuk a tésztát. A lisztnek fel kell szívnia a folyadékot, sima tésztát kell kapnia.

3.A tésztából golyókat formázunk, egyenként a tortillanyomóba tesszük. Nyomja meg a tortillák formázásához.

4.Melegítsen elő egy öntöttvasat közepes lángon. Egyenként hozzáadjuk a tortillákat, és oldalanként 30-40 másodpercig sütjük.

5. Keverje össze a babot és a szószt egy tálban.

6. Helyezzen 6 tortillát két tepsire, és kenje meg a széleit vízzel.

7. Tegyünk 86 g babkeveréket, hagymát és sajtot minden tortilla felére, fedjük le a maradék tortillával, és nyomjuk le.

8.Melegítsük elő a sütőt 200 C-ra és süssük 9 percig. Mindegyik quesadillát 4 szeletre vágjuk. Forrón tálaljuk.

## 71. Csirke tortilla rakott

Főzési idő: 52 perc

Adagok: 8

ÖSSZETEVŐK:

450 g univerzális liszt

3 evőkanál hideg zöldségleves

1 teáskanál só

2 teáskanál sütőpor

375 ml víz

0,9 kg csirkemell, főzve és felaprítva

1 doboz kukorica, lecsepegtetve

1 doboz fekete bab, lecsepegtetve

512 g cheddar sajt, reszelve

1 hagyma, apróra vágva

1 doboz kockára vágott paradicsom

240 ml csirkehúsleves

830 ml paradicsomszósz

1 evőkanál olívaolaj

1 teáskanál fokhagyma por

2 teáskanál chili por

1 teáskanál kömény

1/2 teáskanál só

ÚTVONALAK:

1. Egy tálban összekeverjük a lisztet, a sót, a sütőport és a zöldséglevest. Keverjük jól össze a kezünkkel, amíg minden el nem keveredik.

2.Lassan hozzáöntjük a vizet, és kézzel összegyúrjuk a tésztát. A lisztnek fel kell szívnia a folyadékot, sima tésztát kell kapnia.

3.A tésztából golyókat formázunk, egyenként a tortillanyomóba tesszük. Nyomja meg a tortillák formázásához.

4.Melegítsen elő egy öntöttvasat közepes lángon. Egyenként hozzáadjuk a tortillákat, és oldalanként 30-40 másodpercig sütjük.

5.Melegítsen olívaolajat egy serpenyőben és közepesen magas lángon. Adjuk hozzá a hagymát és keverjük puhára.

6.Add hozzá a feketebabot, a paradicsomszószt, a chiliport, a Rotel kockára vágott paradicsomot, a fokhagymaport, a köményt, a csirkelevest, a sót, és főzzük 10 percig.

7. Egy tepsit kivajazunk. A szószból egy keveset a tepsi aljára kenünk, és 6 tortillát bélelünk rá.

8.Tegyen egy réteg csirkét, szószt és sajtot a tortillára, és adjon hozzá további 6 tortillát. Újra hozzáadjuk a csirkét, a szószt és a sajtot.

9. Hozzáadjuk a maradék tortillákat, majd rétegezzük sajttal.

10.Melegítse elő a sütőt 190 C-ra. Tekerje be fóliával, és süsse 31 percig. Ezután vegyük le a fóliáról. További 10 percig sütjük, amíg a sajt megolvad és felforr. Vegyük ki a sütőből, majd 10 perc múlva tálaljuk.

# 72. Reggeli kolbásztortilla

Főzési idő: 13 perc

Adagok: 10

ÖSSZETEVŐK:

450 g univerzális liszt

6 tojás

3 evőkanál hideg zöldségleves

450 g darált sertéskolbász

128 g colby-jack sajt, aprítva

1 teáskanál só

2 teáskanál sütőpor

növényi főző spray

375 ml víz

2 evőkanál vizet

ÚTVONALAK:

1. Egy tálban összekeverjük a lisztet, a sót, a sütőport és a zöldséglevest. Keverjük jól össze a kezünkkel, amíg minden el nem keveredik.

2.Lassan hozzáöntjük a vizet, és kézzel összegyúrjuk a tésztát. A lisztnek fel kell szívnia a folyadékot, sima tésztát kell kapnia.

3.A tésztából golyókat formázunk, egyenként a tortillanyomóba tesszük. Nyomja meg a tortillák formázásához.

4.Melegítsen elő egy öntöttvasat közepes lángon. Egyenként hozzáadjuk a tortillákat, és oldalanként 30-40 másodpercig sütjük.

5. Melegítsük elő a sütőt 120 C-ra, és melegítsük a tortillákat 9 percig lazán fóliával.

6.A sertéshúst serpenyőben, közepesen magas lángon 9 percig sütjük, közben időnként megkeverjük. Vegye ki a serpenyőből.

7. Keverje össze a tojásokat 2 evőkanál vízzel, majd vigyen fel főzőpermetet a serpenyőre.

8. Tisztítsa meg a serpenyőt, helyezze közepes lángra. Főzzük a tojásokat a serpenyőben 3 percig forgatás nélkül, majd főzzük további 2 percig, miközben időnként megforgatjuk.

9. Adja hozzá a tojást, a kolbászt és a sajtot a tortillához, majd tekerje fel. Ízlés szerint tejföllel tálaljuk.

## 73. Édesburgonyás, gombás és feketebabos burrito

Főzési idő: 22 perc

Adagok: 4

ÖSSZETEVŐK:

450 g univerzális liszt

3 evőkanál hideg zöldségleves

1 teáskanál só

2 teáskanál sütőpor

375 ml víz

512 g feketebab, leöblítve, lecsepegtetve

256 g gomba, szeletelve

192 g gyorsan elkészíthető fehér rizs

1 közepes édesburgonya, lereszelve

160 ml mexikói salsa, osztva

1 avokádó, felkockázva

192 g Monterey Jack sajt, reszelve

140 g bébispenót

1 lime, félbevágva

80 ml tejföl

2 evőkanál növényi olaj, osztva

1/2 közepes vöröshagyma, vékonyra szeletelve

4 evőkanál apróra vágott koriander, osztva

1 teáskanál őrölt kömény, osztva

1/2 teáskanál cayenne bors, osztva

1 teáskanál só, osztva

ÚTVONALAK:

1. Egy tálban összekeverjük a lisztet, a sót, a sütőport és a zöldséglevest. Keverjük jól össze a kezünkkel, amíg minden el nem keveredik.

2.Lassan hozzáöntjük a vizet, és kézzel összegyúrjuk a tésztát. A lisztnek fel kell szívnia a folyadékot, sima tésztát kell kapnia.

3.A tésztából golyókat formázunk, egyenként a tortillanyomóba tesszük. Nyomja meg a tortillák formázásához.

4.Melegítsen elő egy öntöttvasat közepes lángon. Egyenként hozzáadjuk a tortillákat, és oldalanként 30-40 másodpercig sütjük.

5. Forrald fel a rizst a csomagon található utasítások szerint, majd keverj hozzá 2 evőkanál koriandert és 80 ml salsát.

6.Heat 1 evőkanál olajat egy serpenyőben / serpenyőben közepes-magas lángon. Ezután főzzük a burgonyát, időnként megforgatva, 3 percig.

7 Keverjünk össze 1/4 evőkanál cayenne-t, 1/2 evőkanál sót és 1/2 evőkanál köményt egy tálban.

8.Melegítse fel a maradék növényi olajat egy külön serpenyőben, adjon hozzá gombát és főzze 3 percig.

9.Adjuk hozzá a maradék cayenne-t, sót és köményt.

10.Adjuk hozzá a hagymát és főzzük kb. 3 percig.

11. Adjuk hozzá a spenótot és a babot, és főzzük 1 percig.

12. Tegye át az édesburgonyás tálba, nyomja rá a lime felét, majd keverje meg.

13. Tegye a tortillákat egy tányérra, majd fedje le nedves törülközővel. . Mikrohullámú sütőben 1 percig.

14. Adjunk hozzá tejfölt, a maradék koriandert és a salsát egy kis tálkában, és keverjük össze.

15. Távolítsa el a tortillákat, és tegye egy tálcára. Minden tortilla közepébe tegyünk 3 evőkanál sajtot, 256 g burgonyás keveréket, 256 g rizst, avokádót és tejfölös szószt.

16.Tekerje fel a tortillákat, hogy megfelelően ellepje a tölteléket. A fél lime-ot kisebb méretűre/szeletekre vágva tálaljuk.

## 74. Tojásrántotta chorizóval és tortillával

Főzési idő: 15 perc

Adagok: 4

ÖSSZETEVŐK:

260 g masa harina tortillához

250 ml forró víz

2 evőkanál víz, szobahőmérsékleten

1,5 kg zúzott kukorica tortilla chips

12 tojás, enyhén felverve

225 g friss kolbász

2 evőkanál olívaolaj

1 közepes vöröshagyma, apróra vágva

ÚTVONALAK:

1.Egy tálban összekeverjük a masa harinát és a forró vizet. Lefedjük és kb 30 percig pihentetjük.

2.A tésztát szobahőmérsékletű víz hozzáadásával összegyúrjuk. Addig gyúrjuk, amíg sima tésztát nem kapunk.

3.Bélelje ki a tortillaprés mindkét oldalát sütőpapírral vagy Ziploc zacskókkal. A tésztából golyókat formálunk, egyenként a tortillanyomóba tesszük. Nyomja meg a tortillák formázásához.

4.Melegítsen elő egy öntöttvasat közepes lángon. Egyenként hozzáadjuk a tortillákat, és oldalanként kb. 15-20 másodpercig sütjük.

5. Combine tojást és tortilla chips együtt.

6.Melegítsen olajat egy serpenyőben közepes lángon. Adjuk hozzá a hagymát és keverjük puhára. Adjuk hozzá a kolbászt és főzzük 3 percig.

7. Adjuk hozzá a tortilla keveréket, és főzzük közepesen magas lángon 3 percig, gyakran kevergetve. Ezután tálaljuk.

## 75. Tofu-Tahini zöldségpakolások

**4 pakolást készít**

ÖSSZETEVŐK:

8 uncia extra kemény tofu, lecsepegtetve és szárazra törölve

3 zöldhagyma, felaprítva

2 zeller tarja, darálva

1/2 csésze darált friss petrezselyem

2 evőkanál kapribogyó

2 evőkanál friss citromlé

1 evőkanál dijoni mustár

1/2 teáskanál só

1/8 teáskanál őrölt cayenne

4 (10 hüvelykes) lisztes tortilla vagy lavash

1 közepes sárgarépa, felaprítva

4 salátalevél

## ÚTVONALAK

a) Egy robotgépben keverje össze a tofut, a tahinit, a zöldhagymát, a zellert, a petrezselymet, a kapribogyót, a citromlevet, a mustárt, a sót és a cayenne-t, és dolgozza jól össze.

b) A pakolások összeállításához tegyen 1 tortillát egy munkafelületre, és kenje szét a tofukeverék 1/2 csésze mennyiségét a tortillán. Megszórjuk apróra vágott sárgarépával, és a tetejére egy salátalevelet teszünk. Szorosan feltekerjük és átlósan félbevágjuk. Ismételje meg a többi hozzávalóval és tálalja.

# 76. Dekonstruált Hummus Pitas

**4 pitát készít**

ÖSSZETEVŐK:

1 gerezd fokhagyma, összetörve

$\frac{3}{4}$ csésze tahini (szezámpaszta)

2 evőkanál friss citromlé

1 teáskanál só

1/8 teáskanál őrölt cayenne

1/4 csésze víz

11/2 csésze főtt vagy 1 (15,5 uncia) konzerv csicseriborsó, leöblítve és lecsepegtetve

2 közepes sárgarépa, lereszelve (kb. 1 csésze)

4 (7 hüvelykes) pita kenyér, lehetőleg teljes kiőrlésű, félbevágva

2 csésze friss babaspenót

## ÚTVONALAK

a) Turmixgépben vagy konyhai robotgépben aprítsuk fel a fokhagymát. Adjuk hozzá a tahinit, a citromlevet, a sót, a cayenne-t és a vizet. Simára dolgozzuk.

b) A csicseriborsót egy tálba tesszük, és villával kissé összetörjük. Adjuk hozzá a sárgarépát és a fenntartott tahini szószt, és keverjük össze. Félretesz, mellőz.

c) Mindegyik pita felébe kanalazzon 2 vagy 3 evőkanál csicseriborsó keveréket. Mindegyik zsebbe tegyünk egy szelet paradicsomot és néhány spenótlevelet, és tálaljuk.

# 77. Vegán mediterrán pakolások

## ÖSSZETEVŐK

1 közepes uborka

½ teáskanál (plusz pár csipetnyi) só

1 közepes paradicsom felkockázva

¼ vöröshagyma felkockázva

¼ zöldpaprika kockára vágva

4 evőkanál apróra vágott Kalamata olajbogyó

1 üveg (540 gramm / 19 oz.) csicseriborsó

200 gramm (7 oz.) vegán joghurt

2 evőkanál apróra vágott friss kapor

1 gerezd fokhagyma felaprítva

1 evőkanál citromlé

2 csésze (112 gramm) apróra vágott saláta

4 nagy tortilla

## ÚTVONALAK

a) Keverjük össze a felkockázott uborkát, paradicsomot, lilahagymát, zöldpaprikát és fekete olajbogyót. A csicseriborsót lecsepegtetjük, megmossuk, majd egy tálba tesszük. Törjük össze őket kézzel vagy villával.

b) Egy tálban keverjük össze a reszelt uborkát, a vegán joghurtot, a kaprot, a fokhagymát, a citromlevet és egy csipet sót és borsot. Adjunk hozzá 3 evőkanál tzatzikit $\frac{1}{2}$ teáskanál sóval és borssal együtt. Jól összekeverni.

c) A pakolásokat egy marék salátával, összetört csicseriborsóval, vegyes kockára vágott zöldségekkel és néhány szem tzatzikivel készítsük el.

# 78. Vegán Shawarma

ÖSSZETEVŐK

1/3 csésze (55 g) konzerv csicseriborsó

2 evőkanál tápláló élesztő

Fűszerek

1 evőkanál szójaszósz

1/4 csésze (65 g) paradicsompüré

1/3 csésze (80 ml) zöldségleves

1 teáskanál dijoni mustár

1/8 teáskanál folyékony füst

1 csésze (150 g) Vital Búzaglutén

Pác

6 Pakolások

Aprított saláta

## ÚTVONALAK

a) Adja hozzá a csicseriborsót, az élesztőt, a fűszereket, a szójaszószt, a paradicsompürét, a paprikát, a zöldségalaplét, a dijoni mustárt és a folyékony füstöt a robotgépbe, és addig dolgozza, amíg jól el nem keveredik.

b) Adja hozzá a létfontosságú búzaglutént. Lapítsuk el egy munkafelületen, és simítsuk le egy nagy steak formájúra. Gőz

c) Keverjük össze a pácot, és öntsük a szejtán csíkokra. A szejtánt a pácban megsütjük,

d) Kenjünk fűszeres hummust egy pita kenyérre vagy pakolásra. A felaprított salátát és a szeletelt uborkát és a paradicsomot csomagoljuk, a tetejére tegyünk néhány szejtán csíkot, és a végén egy adag vegán tzatzikivel.

# 79. Ropogós vegán tekercsek

Hozam: 24 adag

## ÖSSZETEVŐK

5 sárgarépa, főtt

Só

1 szárzeller; finomra vágjuk és megfőzzük

Földimogyoró vagy növényi olaj

szezámolaj

3 nagy hagyma; finomra vágva

2 zöld hagyma; vékonyra szeletelve

3 piros kaliforniai paprika; finomra vágva

20 Shiitake gomba; finomra vágva

1 csokor korianderlevél; apróra vágva

1 csomag tavaszi tekercs csomagolóanyag; (11 uncia)

1 evőkanál kukoricakeményítő

## ÚTVONALAK

a) Tegyen 2 teáskanál mogyoróolajat és 2 teáskanál szezámolajat egy nagy, fűtött serpenyőbe. adjunk hozzá apróra vágott hagymát, szeletelt zöldhagymát és kaliforniai paprikát. Dobjuk rá a gombát, és főzzük 2-3 percig.

b) Adjunk hozzá sárgarépát, zellert és koriandert, és keverjük össze. Ízlés szerint sózzuk, borsozzuk

c) Helyezze el az 1 csomagolót. A felső sarkát felvert tojással megkenjük. Helyezze el a $\frac{1}{2}$ csésze töltelékkeveréket az alsó saroktól 2 hüvelyk távolságra lévő vonalba. Tekerje a sarkot a keverékre, és húzza vissza, hogy meghúzza.

d) Hajtsa át két oldalát, és tekerje a csomagolás végéig. Süt

# 80. Currys Tofu Pitas

4 szendvicset készít

ÖSSZETEVŐK

- 1 kilós extra kemény tofu, lecsepegtetve és szárazra törölve
- 1/2 csésze vegán majonéz, házilag
- 1/4 csésze apróra vágott mangó chutney
- 2 teáskanál dijoni mustár
- 1 evőkanál forró vagy enyhe currypor
- 1 teáskanál só
- 1/8 teáskanál őrölt cayenne
- 1 csésze reszelt sárgarépa
- 2 zeller tarja, darálva
- 1/4 csésze darált vöröshagyma
- 8 kis bostoni vagy más puha salátalevél
- 4 (7 hüvelykes) teljes kiőrlésű pita, felezve

## ÚTVONALAK

a) A tofut morzsoljuk össze, és tegyük egy nagy tálba. Adjuk hozzá a majonézt, a chutney-t, a mustárt, a curryport, a sót és a cayenne-t, és alaposan keverjük össze, amíg teljesen el nem keveredik.

b) Adjuk hozzá a sárgarépát, a zellert és a hagymát, és keverjük össze. 30 percre hűtőbe tesszük, hogy az ízek összeérjenek.

c) Helyezzen egy-egy salátalevelet minden pita zsebébe, kanalazzon tofukeveréket a saláta tetejére, és tálalja.

# 81. Hummus zöldség pakolás

Adagok 1 wrap

## ÖSSZETEVŐK

1 ízesített pakolás vagy tortilla

1/3 csésze humusz

2 szelet uborka, hosszában felszeletelve

Maréknyi friss spenótlevél

Szeletelt paradicsom

1/4 avokádó, szeletelve

Friss lucerna vagy brokkoli csíra

Friss mikrozöldek

Kívánság szerint bazsalikomlevél

## ÚTVONALAK

a) Terítse el a humuszt a csomagolás alsó 1/3-án, körülbelül 1/2 hüvelykre az alsó szélétől, de terítse szét az oldalsó széleket.

b) Rétegezzük az uborkát, a spenótleveleket, a paradicsomszeleteket, az avokádószeleteket, a kiöntőt, a mikrozöldeket és a bazsalikomot.

c) Szorosan hajtsa be a pakolást, akárcsak a burritót, az első tekercsnél az összes zöldséget belerakja, majd erősen a végéig tekerje. Vágjuk félbe és élvezzük.

## 82. Szivárványos zöldségpakolások

Adagok: 4

## ÖSSZETEVŐK

4 (8 hüvelykes) többszemű tortilla vagy pakolás

1 csésze elkészített olíva humusz

2 uncia vékonyra szeletelt cheddar sajt

1 ⅓ csésze bébispenót

1 csésze szeletelt piros kaliforniai paprika

1 csésze brokkoli csíra

1 csésze vékonyra reszelt vörös káposzta

1 csésze sárgarépa

Zöld istennői öltözet a tálaláshoz

## ÚTVONALAK

a) Minden tortillát megkenünk 1/4 csésze humusszal. Mindegyik tetejére tedd a Cheddar egynegyedét, a spenótot, a kaliforniai paprikát, a csírákat, a káposztát és a sárgarépát. Tekerje fel az egyes csomagokat.

b) Vágja fel a pakolásokat 1 hüvelykes körökre. Ízlés szerint mártogatós öntettel tálaljuk.

# TÖLTETÉSEK ÉS SZÓSZOK

## 83. Rumos alma töltelék

2 csésze (480 g)

ÖSSZETEVŐK

4 csésze (600 g) durvára vágott alma, meghámozva és kimagozva

3 evőkanál (45 ml) víz

2 evőkanál (28 g) vaj

1 teáskanál fahéj

1/3 csésze (67 g) cukor

1/3 csésze (50 g) sötét mazsola

1 evőkanál (8 g), plusz 1 teáskanál kukoricakeményítő

2 evőkanál (28 ml) rum vagy narancslé

1 Egy közepes serpenyőben, közepes lángon keverje össze az almát, a vizet, a vajat, a fahéjat és a cukrot.

2 Keverjük össze és főzzük, hogy a cukor feloldódjon. Amikor a cukor feloldódott és a keverék buborékol, csökkentse a hőt. Belekeverjük a mazsolát.

3 Lefedve, időnként megkeverve pároljuk 5 percig, vagy amíg az alma megpuhul.

4 Egy kis edényben keverje össze a kukoricakeményítőt és a rumot vagy a narancslevet. Keverjük hozzá az almához, és főzzük körülbelül 1 percig, vagy amíg az alma megpuhul és

besűrűsödik. Tegye félre a tűzről, és hűtse le teljesen, mielőtt a lisztes tortilla „Empanadas" töltésére használná. A tetején Crème Anglaise.

# 84. Sütőtök töltelék

2 csésze (480 g)

ÖSSZETEVŐK

1 doboz (15 uncia vagy 425 g) szilárd csomagolású sütőtök (nem sütőtökös pite töltelék)

2 evőkanál (30 g) barna cukor

1 teáskanál őrölt fahéj

1 Egy közepes tálban elektromos keverővel keverje össze a sütőtököt, a barna cukrot és a fahéjat, amíg a barna cukor fel nem oldódik, és a hozzávalókat jól összekeverik.

2 Empanadák kitöltésére használja. A tetejére Cajeta vagy Dulce de Leche.

ÉDESBURTUÁLIS TÖLTETÉS

2 csésze (480 g)

2 csésze (656 g) édesburgonyapüré, frissen sült vagy konzerv

1 evőkanál (15 g) barna cukor

1 teáskanál őrölt fahéj

1 Egy közepes tálban elektromos keverővel turmixold össze az édesburgonyát, a barna cukrot és a fahéjat, amíg a barna cukor fel nem oldódik, és a hozzávalókat jól összekeverik.

2 Empanadák kitöltésére használja. Tetejét ananászszósszal.

## 85. Édes mascarpone

1 csésze (225 g)

## ÖSSZETEVŐK

8 uncia (225 g) mascarpone vagy krémsajt

1/2 csésze (100 g) cukor

1 vagy 2 evőkanál (15-30 g) görög joghurt

1 Egy közepes tálban keverjük össze a mascarponét vagy a krémsajtot és a cukrot.

2 Elektromos keverővel keverje össze a sajtot és a cukrot. A krémsajt hígításához szükség szerint adjunk hozzá görög joghurtot, hogy elérjük a kívánt állagot.

3 Verjük habosra. Tálalásig hűtőbe tesszük.

## 86. Crème anglise

2 csésze (480 g)

ÖSSZETEVŐK

3/4 csésze (175 ml) teljes tej

3/4 csésze (175 ml) tejszín

4 tojássárgája

4 evőkanál (52 g) cukor

2 teáskanál tiszta vanília kivonat

1 Egy közepes serpenyőben, lassú tűzön keverje össze a tejet és a tejszínt. Melegítsük 5 percig, vagy amíg a folyadék forrni kezd, és a buborékok éppen meg nem törik a felületet. Levesszük a tűzről.

2 Egy közepes tálban keverje össze a tojássárgáját és a cukrot 2 percig, vagy amíg a cukor feloldódik és a keverék világossárga nem lesz.

3 Folyamatos keverés mellett fokozatosan keverjük a sárgájához a forró tejes keveréket. Tegye vissza a keveréket a serpenyőbe alacsony lángon.

4 Főzzük és keverjük 5 percig, vagy amíg a puding besűrűsödik és bevonja a kanál hátát. Ne forraljuk.

5 Vegyük le a tűzről. Belekeverjük a vaníliát. Hagyjuk kissé kihűlni.

6 Öntse a folyadékot egy finom szűrőn keresztül egy szoros fedeles edénybe. Fedjük le és hűtsük le. Hűtve tálaljuk.

# 87. Mexikói karamell szósz

1 1/2 csésze (360 g)

ÖSSZETEVŐK

4 csésze (946 ml) teljes kecske- vagy tehéntej

11/4 csésze (250 g) cukor

1/2 teáskanál szódabikarbóna

1 teáskanál tiszta vanília kivonat (minősített mexikói vanília, ha elérhető)

1 Egy közepes méretű serpenyőben, közepes lángon keverje össze a tejet, a cukrot és a szódabikarbónát.

2 Főzzük, időnként megkeverve hőálló spatulával vagy fakanállal, amíg a cukor fel nem oldódik, és a tej habos és könnyű lesz, körülbelül 15 percig.

3 Folytassa a főzést enyhe lassú tűzön, gyakran megkeverve és az edény oldalát kaparva. Főzzük körülbelül 45 perctől 1 óráig, vagy amíg a keverék besűrűsödik és aranyszínűvé nem válik.

4 Folyamatos keverés közben folytassa a főzést, amíg a keverék sűrű nem lesz. Elég ragacsosnak kell lennie ahhoz, hogy amikor egy spatula megkaparja az edény alját, egy „nyom" 1 másodpercig nyitva maradjon. Levesszük a tűzről. Belekeverjük a vaníliát.

5. Tegye egy hőálló, széles szájú edénybe. Ezt legfeljebb 3 hónapig lehet hűtőszekrényben tárolni. Óvatosan melegítse újra úgy, hogy az edényt forró, nem forrásban lévő vízbe helyezi.

# 88. Ananász szósz

2 csésze (280 g)

ÖSSZETEVŐK

2 csésze (330 g) durvára vágott friss ananász vagy 1 doboz (20 uncia vagy 560 g) zúzott ananász

3 evőkanál (42 g) vaj

2 evőkanál (26 g) turbinado vagy kristálycukor

1/2 teáskanál tiszta vanília kivonat

Csipet só

1 Egy közepes serpenyőben, közepes lángon keverje össze az ananászt, a vajat és a cukrot.

2 Keverjük össze és főzzük, hogy a cukor feloldódjon. Amikor a cukor feloldódott és a keverék buborékol, csökkentse a hőt. Időnként megkeverve pároljuk 5 percig, vagy amíg a szósz besűrűsödik és szirupos lesz.

3. Hozzákeverjük a vaníliát és a sót.

4 Melegen vagy szobahőmérsékleten tálaljuk.

## 89. Gyümölcs pico

4 csésze (560 g)

## ÖSSZETEVŐK

1 pint (340 g) eper hántolt és durvára vágva, 2 csésze elkészítéséhez

1 őszibarack vagy mangó meghámozva és apróra vágva, 1 csésze (175 g) elkészítéséhez

1 Granny Smith alma hámozatlanul és apróra vágva, 1 csésze (125 g) elkészítéséhez

1 teáskanál citromlé

1 Egy közepes tálban keverje össze az apróra vágott epret, az őszibarackot vagy a mangót és az almát.

2. Dobd össze. Keverje hozzá a citromlevet. Tálalásig hűtsük le.

## 90. Aszalt paradicsom Spread

## ÖSSZETEVŐK

Két evőkanál előfőzött nagy fehér bab

1/2 csésze dió

Tíz szelet szárított paradicsom

Egy evőkanál olívaolaj vagy tetszés szerint más olaj

Két evőkanál tökmag

Egy gerezd fokhagyma

Friss bazsalikom, gyógynövényes só és bors vagy más ízlés szerinti fűszerek

## ÚTVONALAK

A hozzávalókat turmixgépben összedolgozzuk, és simára és krémesre turmixoljuk.

# 91. Hummus álmok

## ÖSSZETEVŐK

1 csésze előfőzött csicseriborsó

1/2 csésze dió

1 teáskanál tahini (szezámmassza)

1 teáskanál kömény

1 teáskanál fehérborecet

Só, bors

Friss spárga öntetnek

## ÚTVONALAK

A hozzávalókat turmixgépben összedolgozzuk, és simára és krémesre turmixoljuk.

# 92. Az avokádó szerelem

## ÖSSZETEVŐK

Egy avokádó

Két evőkanál frissen facsart citromlé

Só, bors

Egy csipet fekete só a tojás ízéhez (opcionális)

## ÚTVONALAK

A hozzávalókat turmixgépben összedolgozzuk, és simára és krémesre turmixoljuk.

## 93. Pimiento kenhető szendvics töltelékhez

Kitermelés: 2 adag

**Hozzávaló**

½ csésze tofu

2 evőkanál Olaj

2 evőkanál almaecet

1 evőkanál cukor

1½ teáskanál Só

⅛ teáskanál fekete bors

csipet fokhagyma por

1 font kemény tofu; összeomlott

3 evőkanál édes savanyúság íze

½ csésze Pimientos; lecsöpögtetjük és felaprítjuk

## ÚTVONALAK

a) Keverje össze az első 7 hozzávalót egy turmixgépben, és turmixolja simára és krémesre.

b) Egy tálban keverjük össze a többi hozzávalóval. A legjobb, ha egy éjszakán át hűtőbe tesszük.

# 94. Tofu szendvics kenhető

Kitermelés: 4 adag

## HOZZÁVALÓ

10 uncia kemény tofu

½ zöld kaliforniai paprika; felkockázva

1 szárzeller; felkockázva

1 sárgarépa; lereszelve

4 apró zöldhagyma; szeletelt

1 evőkanál petrezselyem

1 evőkanál kapribogyó

2 evőkanál tofu alapú majonéz helyettesítő

1 evőkanál elkészített mustár

½ teáskanál friss citromlé

¼ teáskanál bors

¼ teáskanál kakukkfű

## ÚTVONALAK

a) Keverje össze az összes hozzávalót, és tálalja kedvenc kenyerére csírával, paradicsommal és uborkával.

## 95. Vega szendvics kenhető

Kitermelés: 1 adag

## HOZZÁVALÓ

1 csomag Kemény tofu

½ csésze szója majonéz

1 db zöldhagyma felkockázva

1 db zöld kaliforniai paprika kockára vágva

1-1 zellerszár, apróra vágva

¼ csésze napraforgó vagy szezámmag

1 evőkanál szójaszósz

1 teáskanál Curry por

1 teáskanál kurkuma

1 teáskanál fokhagyma por

## ÚTVONALAK

a) A tofut villával morzsoljuk össze. Adjuk hozzá a többi hozzávalót és jól keverjük össze.

b) Kekszre vagy kenyérre tálaljuk.

# 96. Indiai lencse terjed

Kitermelés: 2 adag

## HOZZÁVALÓ

1 csésze főtt lencse

4 gerezd fokhagyma; sajtolt

2 teáskanál őrölt koriander

1 teáskanál őrölt kömény

½ teáskanál őrölt kurkuma

½ teáskanál chili por

½ teáskanál őrölt gyömbér

## ÚTVONALAK

a) Keverje össze az összes hozzávalót egy kis serpenyőben. Lassú tűzön, időnként megkeverve, óvatosan főzzük 5 percig, hogy az ízek összeérjenek.

b) Hűtsük le 1 órát.

# 97. Csicseriborsós szendvicskrém

Kitermelés: 4 adag

## HOZZÁVALÓ

1 csésze csicseriborsó; főtt

Fokhagyma por ízlés szerint

3 evőkanál olasz salátaöntet

Só és bors ízlés szerint

## ÚTVONALAK

a) A csicseriborsót villával pépesítjük, és fűszerezzük.

b) Pirított teljes kiőrlésű kenyérre tálaljuk salátával és paradicsomszeletekkel.

# 98. Curry bab kenhető

Kitermelés: 8 adag

## HOZZÁVALÓ

$\frac{3}{4}$ csésze víz

1 hagyma; finomra vágott

1 csésze kockára vágott zeller

1 zöld kaliforniai paprika; felkockázva

$\frac{1}{2}$ csésze kockára vágott sárgarépa

2 Cl Fokhagyma; darált

$2\frac{1}{2}$ teáskanál Curry por

$\frac{1}{2}$ teáskanál őrölt kömény

1 evőkanál szójaszósz

3 csésze főtt fehér bab

## ÚTVONALAK

a) Öntsük a vizet egy serpenyőbe, és adjuk hozzá az összes zöldséget és a fokhagymát.

b) Időnként megkeverve főzzük 15 percig. Keverje hozzá a curryport, a köményt és a szójaszószt, majd jól keverje össze.

c) Levesszük a tűzről. Adjuk hozzá a babot; jól összekeverni. Helyezze a keveréket aprítógépbe vagy turmixgépbe, és rövid ideig dolgozza fel, amíg fel nem vágja, de ne pürésítse. Hideg.

## 99. Saláta szendvicsre kenhető

Hozam: 4

## ÖSSZETEVŐK

4 fél napon szárított paradicsom

1 - [ 15,5 oz. doboz] csicseriborsó, lecsepegtetve és leöblítve

1 teáskanál sárga mustár

1 ½ teáskanál forró szósz

½ teáskanál folyékony füst

1 teáskanál tahini

½ teáskanál tiszta juharszirup

1 ½ teáskanál csökkentett nátriumtartalmú tamari

½ teáskanál fokhagymapor

¼ teáskanál hagymapor

¾ teáskanál füstölt paprika

½ teáskanál tengeri só

¼-½ csésze savanyúság íze

## Ötletek tálalása:

Reszelt saláta

Szeletelt paradicsom

Pirított kenyér (vagy csomagolás)

Savanyúság vagy savanyúság

## ÚTVONALAK

a) Helyezze a fél napon szárított paradicsomot egy kis tálba, öntse fel forrásban lévő vízzel, és hagyja állni 5 percig, hogy megpuhuljon. 5 perc elteltével távolítsa el a megpuhult aszalt paradicsom feleket (öntse el a vizet), vágja apróra, és tegye egy robotgépbe.

b) Tegye az összes többi hozzávalót egy konyhai robotgépbe. Pörgessen néhányszor, amíg az összes összetevő egyenletesen el nem oszlik.

c) Opcionális: Keverje hozzá a lecsepegtetett savanyúság ízét vagy az apróra vágott savanyúságot.

d) Kóstolja meg és állítsa be az összetevőket a személyes preferenciáknak megfelelően.

e) Pirított kenyérre vagy szeletre vágott salátával, szeletelt paradicsommal csomagolva tálaljuk.

## 100. Tofuna szendvics kenhető

## ÖSSZETEVŐK

8 uncia csomag sült tofu

1/2 csésze vegán majonéz, vagy tetszés szerint

1 nagy zellerszár, apróra vágva

1 mogyoróhagyma (csak zöld rész), vékonyra szeletelve

2 evőkanál tápláló élesztő

## ÚTVONALAK

a) Kezével a tofut finomra morzsoljuk egy keverőtálba. Vagy törheti a tofut néhány darabra, tedd egy konyhai robotgépbe, és pulzáld be és kapcsold ki, amíg finomra és egyenletesre nem aprítod, majd tedd át egy keverőtálba.

b) Adjuk hozzá a majonézt és a zellert. Keverjük össze alaposan. Keverje hozzá az opcionális összetevők egyikét vagy mindkettőt. Tegye át egy kisebb adagolóedénybe, vagy tálalja közvetlenül a keverőedényből.

# KÖVETKEZTETÉS

A tortillákat becsomagoljuk, egymásra rakjuk, feltekerjük és hajtogatjuk. Lehetnek ropogósak vagy puhák, sima vagy ízesítettek. Természetesen szinte bármilyen ízprofillal, fehérjével és zöldséggel párosulnak, szinte minden formában. Fogyasztásuknak nincs határa.

Mégis valahol el kellett kezdenünk és meg kellett állnunk. A könyvben szereplő receptek többsége az Egyesült Államok délnyugati részén, az amerikai tortilla övben kedvelt ételeket képviseli. Texas, Új-Mexikó, Arizona és Kalifornia államok kötik össze ennek a kulináris övnek a konkóit.

Na gyere! Itt az ideje, hogy új pillantást vetjünk a tortillára.

CPSIA information can be obtained
at www.ICGtesting.com
Printed in the USA
LVHW080157140123
737131LV00006B/479

9 781805 424994